Psychohope
Agenda del benessere

LA TERAPIA DEL TEMPO

DOTT.SSA PANICO SPERANZA PIA

Progetto grafico e impaginazione:
Dott.ssa Panico Speranza Pia
Psicologa
Psicoterapeuta in formazione sistemico-relazionale.
Counselor Integrato.

Tutte le immagini sono di Canva.com

Prima edizione: 2021
Stampato e distribuito da Amazon.

LA NOSTRA CHIAVE
È IL TEMPO:
IL TEMPO SI VIVE,
IL TEMPO SI REGALA,
IL TEMPO SI APPREZZA.

Salve!

Sono Speranza Pia Panico.

Sono una Psicologa Clinica, un Counselor e una Psicoterapeuta in formazione sistemico-relazionale.

Dalla mia esperienza di vita, ho ricavato lo strumento alla base di questa agenda,
che mi è stato molto utile nei momenti di difficoltà.

Oggi desidero con tutto il cuore, condividere questo metodo per gestire il tempo con coloro che sentono di poterne trarre giovamento.

Ho pensato di rendere questo percorso più visivamente piacevole e accattivante possibile,
inserendo anche Mandala da colorare per il rilassamento mentale.

Mi auguro che sia utile anche a te!

In bocca al lupo!

Dott.ssa Panico Speranza Pia

Psychohope

Nome
____

Cognome
____

Indirizzo
____

E-Mail
____

Pec
____

Tel
____

Cell
____

Che cos'è Psychohope?

É UNO **STRUMENTO** PER LE PERSONE CHE SENTONO DI **PERDERE SE STESSE** NEL TEMPO

Che cos'è Psychohope?

È L'AGENDA BASATA
SULL'**ORGANIZZAZIONE DEL TEMPO**,
ATTRAVERSO LA QUALE TI MOSTRERÒ
UN NUOVO MODO DI
VIVERE IL TUO TEMPO

Ti sentirai appagato e felice

PRENDENDOTI CURA DI TE E
RITROVANDO IL TUO CENTRO

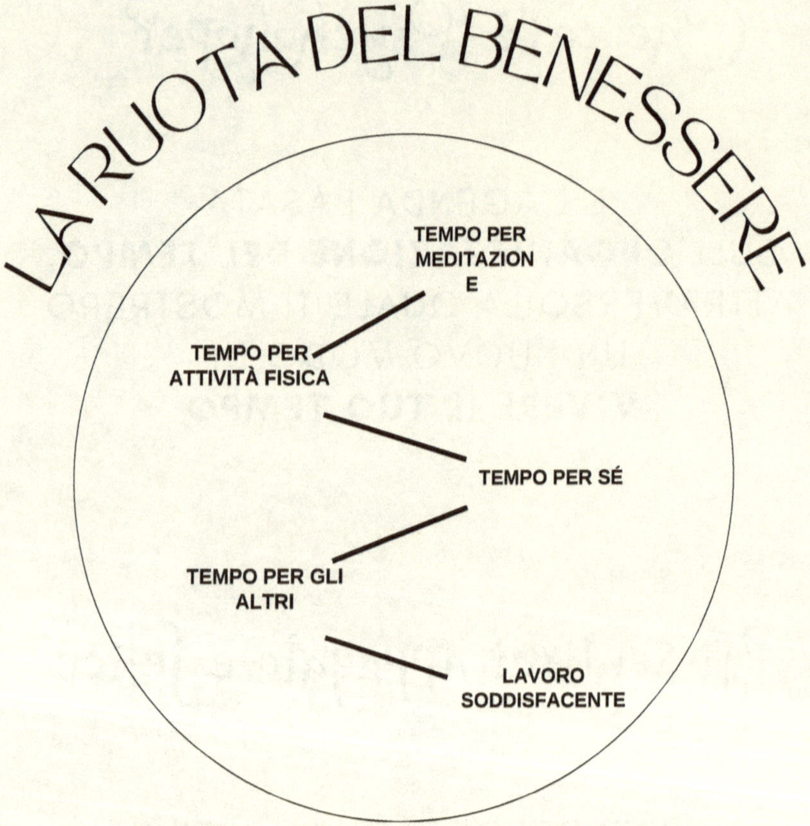

LA RUOTA DEL BENESSERE

IL DIAGRAMMA DI UNA VITA EQUILIBRATA

INNAMORATI DELLA VERSIONE MIGLIORE DI TE

Pratica la gentilezza

Impara una nuova abilità

Usa un dialogo interiore positivo

Assicurati di dormire abbastanza

Pratica la gratitudine ogni giorno

Prenditi cura del tuo corpo e della tua mente

Promuovi l'auto-compassione

SCHEMA DI AUTO-MIGLIORAMENTO

Come si usa

Al mattino, o se preferite la sera prima, compilate una pagina seguendo queste semplici indicazioni:

IMPORTANTE: scrivi sui righi degli obbiettivi che siano sempre *piccoli* e *realizzabili* durante la giornata.

Cura del Corpo: ogni giorno dedicati a curare un piccolo aspetto del tuo corpo, regolati in base al tempo, ma non dimenticarti mai di prenderti cura di lui. Il tuo corpo è il tuo tempio: se tu non ti prendi cura di lui, lui non si prenderà cura di te!

Cura degli Spazi: tenere puliti e vivibili gli ambienti è un aspetto molto importante per mantenere la chiarezza mentale e la serenità, ma non deve essere uno stress. Dividi lo spazio che frequenti abitualmente in casa in ufficio o anche la tua camera, in zone. Ogni giorno decidi di riordinare e/o pulire una zona nuova, impegnandoti a mantenere in ordine la zona del giorno precedente.

Cura delle Amicizie: focalizzati sulla tua cerchia di amici. E' importante coltivare giorno per giorno le amicizie, anche con piccoli gesti di presenza quando non si ha molto tempo. Quindi scrivi qui quello che desideri fare con un tuo amico, basta anche solo un messaggio, e a rotazione contatta almeno un amico al giorno.

Come si usa

Cura dell'Amore: focalizza nella mente la persona amata o qualcuno che ami e chiediti quale piccolo gesto possa farla sentire amata.

Cura della Carriera: focalizzati sull'obbiettivo più prossimo che vuoi raggiungere professionalmente. ***Dividilo in tanti piccoli step***, in modo tale che ognuno di questi sia ***realizzabile durante una sola giornata***. Ora scrivi lo step che hai scelto come micro obbiettivo da realizzare durante il giorno che stai compilando.

Cura dell'Anima: quale piccolo gesto posso fare oggi verso me stessa per sentirmi amata?
Come posso prendermi cura del mio spirito? Dobbiamo sempre prenderci almeno 10 minuti per noi stessi! Tutti i giorni! Potremmo bere una tisana, mentre si ascolta una canzone che ci fa rilassare, magari alla luce di una candela profumata, ad esempio. Fare ***Meditazione*** o ***Yoga***; oppure dedicarci alla stesura del nostro diario prima di andare a dormire. Basta che nutra il nostro spirito.

Cura delle Necessità: scrivi qualche incombenza che è necessario ***non procrastinare,*** qualcosa che devi necessariamente fare oggi o che stai rimandando da troppo tempo.
Nello spazio libero puoi aggiungere qualche aspetto a tuo piacimento.

Routine Settimanale

Sono quattro domande aperte che aiutano a focalizzarsi sugli **aspetti positivi** utili per andare avanti nel modo migliore.

La prima ci focalizza sulla **GRATITUDINE** e ci spinge a concentrarci su ciò che abbiamo di bello rendendoci positivi!

La seconda ci aiuta a focalizzarci sugli **OBBIETTIVI** principali portati a termine durante la settimana e quali obbiettivi ci si fissa per la settimana prossima.

La terza aiuta a focalizzarci sui nostri **SUCCESSI** e puoi riportare ciò che hai imparato di nuovo in questa settimana, magari qualcosa che non eri mai riuscito a fare, o qualcosa nel quale ti sentivi bloccato e che invece sei riuscito a portare a termine: in pratica scrivi qualcosa che senti come una conquista che sei riuscito ad ottenere da te stesso, qualsiasi essa sia.

La quarta serve ad appuntarti qualcosa che **CONSIGLIERESTI** a te stesso di migliorare.

Routine Mensile

Alla fine del Mese puoi premiarti per essere stato costante e rilassarti a colorare un bel Mandala! Ma prima appunta i tuoi miglioramenti e fatti i complimenti!

"4 e più" parti di te

Questa sezione funge da promemoria. Riempila all'inizio e poi aggiornala se necessario. A volte ci sentiamo vuoti ma guardare questo promemoria ci aiuterà a ricordare che non è cosi e a mantenere la rotta.

Come si usa Psychohope

Oggi___/___/___

OBBIETTIVI PER PRENDERTI CURA DI TE:

CURA DEL CORPO   :   *fare la doccia*   ✗

CURA DEGLI SPAZI   :   *riordinare la scrivania*   ☐

CURA DELLE AMICIZIE   :   _______________   ☐

CURA DELL'AMORE   :   _______________   ☐

CURA DELLA CARRIERA   :   *studia 10 pagine di economia*   ☐

CURA DEGLI HOBBIES   :   _______________   ☐

CURA DELLE NECESSITÀ :   *fare la spesa*   ☐

CURA DELL'ANIMA   :   *5 minuti di yoga*   ☐

_______________   :   _______________   ☐

APPUNTAMENTI:

8:00 _______________

9:00 _______________

10:00 _______________

11:00 _______________

12:00 _______________

13:00 _______________

14:00 _______________

15:00 _______________

16:00 _______________

17:00 _______________

18:00 _______________

19:00 _______________

ricordati

Niente è facile, ma tutto è possibile

Ma Ricorda...

Ci possono essere giorni **NO**, nei quali non si ha voglia di fare assolutamente nulla. Accogli anche questi giorni e non scoraggiarti, ma compila con piccolissimi obbiettivi e cerca di portarli a termine. So che puoi farcela!

Ad esempio puoi scrivere semplicemente

Cura del corpo: fare una doccia

Cura degli spazi: rifare il letto

Cura delle amicizie: parlare con una persona cara di come ti senti (anche se all'inizio non ti va di farlo)

Cura dell'amore: spiega a chi ami come ti senti (in questo modo dai all'altro la possibilità di comprenderti e starti vicino) oppure prenditi del tempo per te stesso.

Cura della carriera: leggi un solo paragrafo di un libro utile oppure cerca un argomento in internet (in modo che possa stimolare la tua curiosità)

Cura degli hobbies: (fai ciò che vuoi ma fallo!)

Cura delle necessità: (scrivine una semplicissima da portare a termine)

Cura Dell'anima: ascolta una canzone che ti mette di buon umore.

Non spaventarti perché domani andrà meglio, e se non accade, puoi sempre decidere di contattarmi cercandomi su Instagram con il nome dott.panicosperanza_psicologa.

Scrivi i tuoi punti di forza e di debolezza?

Quali hobbies ti fanno stare bene e perché?

Quali sono le cose che ti fanno alzare al mattino, perché ti motivano e ti danno energia?

"4 e più" parti di te

Per ricordarti chi sei: compila con le cose che ti caratterizzano e rileggile quando crei i tuoi obbiettivi.

Obbiettivi

____
____
____
____

Affetti importanti

____
____
____
____

Desideri

____
____
____
____

Interessi e Passioni

____
____
____
____

Note:

Partiamo!

Buon Lavoro
su te stesso!

OBBIETTIVI PER PRENDERTI CURA DI TE:

CURA DEL CORPO : _________________________ ☐

CURA DEGLI SPAZI : _________________________ ☐

CURA DELLE AMICIZIE : _________________________ ☐

CURA DELL'AMORE : _________________________ ☐

CURA DELLA CARRIERA : _________________________ ☐

CURA DEGLI HOBBIES : _________________________ ☐

CURA DELLE NECESSITÀ : _________________________ ☐

CURA DELL'ANIMA : _________________________ ☐

_________________ : _________________________ ☐

APPUNTAMENTI:

8:00
____

9:00
____

10:00
____

11:00
____

12:00
____

13:00
____

14:00
____

15:00
____

16:00
____

17:00
____

18:00
____

19:00

ricordati

Non c'è miglior momento di adesso per iniziare ad essere la versione migliore di te stesso.

OBBIETTIVI PER PRENDERTI CURA DI TE:

CURA DEL CORPO : __________________________ ☐

CURA DEGLI SPAZI : __________________________ ☐

CURA DELLE AMICIZIE : __________________________ ☐

CURA DELL'AMORE : __________________________ ☐

CURA DELLA CARRIERA : __________________________ ☐

CURA DEGLI HOBBIES : __________________________ ☐

CURA DELLE NECESSITÀ : __________________________ ☐

CURA DELL'ANIMA : __________________________ ☐

__________ : __________________________ ☐

APPUNTAMENTI:

8:00
____

9:00
____

10:00
____

11:00
____

12:00
____

13:00
____

14:00
____

15:00
____

16:00
____

17:00
____

18:00
____

19:00

ricordati

Niente è facile, ma tutto è possibile.

OBBIETTIVI PER PRENDERTI CURA DI TE:

CURA DEL CORPO : __________________________ ☐

CURA DEGLI SPAZI : __________________________ ☐

CURA DELLE AMICIZIE : __________________________ ☐

CURA DELL'AMORE : __________________________ ☐

CURA DELLA CARRIERA : __________________________ ☐

CURA DEGLI HOBBIES : __________________________ ☐

CURA DELLE NECESSITÀ : __________________________ ☐

CURA DELL'ANIMA : __________________________ ☐

__________________ : __________________________ ☐

APPUNTAMENTI:

8:00 __________________________

9:00 __________________________

10:00 __________________________

11:00 __________________________

12:00 __________________________

13:00 __________________________

14:00 __________________________

15:00 __________________________

16:00 __________________________

17:00 __________________________

18:00 __________________________

19:00 __________________________

ricordati

"Ho pensato che non fosse impossibile, cosi l'ho fatto!"

OBBIETTIVI PER PRENDERTI CURA DI TE:

CURA DEL CORPO : __________________________ ☐

CURA DEGLI SPAZI : __________________________ ☐

CURA DELLE AMICIZIE : __________________________ ☐

CURA DELL'AMORE : __________________________ ☐

CURA DELLA CARRIERA : __________________________ ☐

CURA DEGLI HOBBIES : __________________________ ☐

CURA DELLE NECESSITÀ : __________________________ ☐

CURA DELL'ANIMA : __________________________ ☐

____________________ : __________________________ ☐

APPUNTAMENTI:

8:00 ___________________________

9:00 ___________________________

10:00 ___________________________

11:00 ___________________________

12:00 ___________________________

13:00 ___________________________

14:00 ___________________________

15:00 ___________________________

16:00 ___________________________

17:00 ___________________________

18:00 ___________________________

19:00

ricordati

La tua felicità è oggi ed è nelle tue mani!

OBBIETTIVI PER PRENDERTI CURA DI TE:

CURA DEL CORPO : ____________________ ☐

CURA DEGLI SPAZI : ____________________ ☐

CURA DELLE AMICIZIE : ____________________ ☐

CURA DELL'AMORE : ____________________ ☐

CURA DELLA CARRIERA : ____________________ ☐

CURA DEGLI HOBBIES : ____________________ ☐

CURA DELLE NECESSITÀ : ____________________ ☐

CURA DELL'ANIMA : ____________________ ☐

________ : ____________________ ☐

APPUNTAMENTI:

8:00 ____________________

9:00 ____________________

10:00 ____________________

11:00 ____________________

12:00 ____________________

13:00 ____________________

14:00 ____________________

15:00 ____________________

16:00 ____________________

17:00 ____________________

18:00 ____________________

19:00

ricordati

Sii audace e forze superiori verranno in tuo aiuto.

OBBIETTIVI PER PRENDERTI CURA DI TE:

CURA DEL CORPO : ___________________ ☐

CURA DEGLI SPAZI : ___________________ ☐

CURA DELLE AMICIZIE : ___________________ ☐

CURA DELL'AMORE : ___________________ ☐

CURA DELLA CARRIERA : ___________________ ☐

CURA DEGLI HOBBIES : ___________________ ☐

CURA DELLE NECESSITÀ : ___________________ ☐

CURA DELL'ANIMA : ___________________ ☐

_______________ : ___________________ ☐

APPUNTAMENTI:

8:00 _______________

9:00 _______________

10:00 _______________

11:00 _______________

12:00 _______________

13:00 _______________

14:00 _______________

15:00 _______________

16:00 _______________

17:00 _______________

18:00 _______________

19:00 _______________

ricordati

Il segreto per andare avanti è iniziare!

GRATITUDINE: sono grato per...

FELICITA': una cosa bella che è successa...

SUCCESSI: un ostacolo che ho superato...

SUGGERIMENTO A ME: avrei reso un esperienza migliore se...

"ANCHE SE IL TIMORE AVRÀ SEMPRE PIÙ ARGOMENTI, TU **SCEGLI** LA **SPERANZA"**

Seneca

OBBIETTIVI PER PRENDERTI CURA DI TE:

CURA DEL CORPO : ___________________________ ☐

CURA DEGLI SPAZI : ___________________________ ☐

CURA DELLE AMICIZIE : ___________________________ ☐

CURA DELL'AMORE : ___________________________ ☐

CURA DELLA CARRIERA : ___________________________ ☐

CURA DEGLI HOBBIES : ___________________________ ☐

CURA DELLE NECESSITÀ : ___________________________ ☐

CURA DELL'ANIMA : ___________________________ ☐

___________ : ___________________________ ☐

APPUNTAMENTI:

8:00 ___________________________

9:00 ___________________________

10:00 ___________________________

11:00 ___________________________

12:00 ___________________________

13:00 ___________________________

14:00 ___________________________

15:00 ___________________________

16:00 ___________________________

17:00 ___________________________

18:00 ___________________________

19:00 ___________________________

ricordati

Non arrenderti!
Rischieresti di farlo un ora
prima del miracolo.

OBBIETTIVI PER PRENDERTI CURA DI TE:

CURA DEL CORPO : _______________________ ☐

CURA DEGLI SPAZI : _______________________ ☐

CURA DELLE AMICIZIE : _______________________ ☐

CURA DELL'AMORE : _______________________ ☐

CURA DELLA CARRIERA : _______________________ ☐

CURA DEGLI HOBBIES : _______________________ ☐

CURA DELLE NECESSITÀ : _______________________ ☐

CURA DELL'ANIMA : _______________________ ☐

_______________ : _______________________ ☐

APPUNTAMENTI:

8:00
____

9:00
____

10:00
____

11:00
____

12:00
____

13:00
____

14:00
____

15:00
____

16:00
____

17:00
____

18:00
____

19:00

ricordati

Nulla è permanente, tutto cambia e può cambiare.

Obbiettivi per prenderti cura di te:

CURA DEL CORPO :

CURA DEGLI SPAZI :

CURA DELLE AMICIZIE :

CURA DELL'AMORE :

CURA DELLA CARRIERA :

CURA DEGLI HOBBIES :

CURA DELLE NECESSITÀ :

CURA DELL'ANIMA :

APPUNTAMENTI:

8:00

9:00

10:00

11:00

12:00

13:00

14:00

15:00

16:00

17:00

18:00

19:00

ricordati

Datti il permesso di vivere una vita straordinaria.

OBBIETTIVI PER PRENDERTI CURA DI TE:

CURA DEL CORPO : _________________________ ☐

CURA DEGLI SPAZI : _________________________ ☐

CURA DELLE AMICIZIE : _________________________ ☐

CURA DELL'AMORE : _________________________ ☐

CURA DELLA CARRIERA : _________________________ ☐

CURA DEGLI HOBBIES : _________________________ ☐

CURA DELLE NECESSITÀ : _________________________ ☐

CURA DELL'ANIMA : _________________________ ☐

___________ : _________________________ ☐

APPUNTAMENTI:

8:00

9:00

10:00

11:00

12:00

13:00

14:00

15:00

16:00

17:00

18:00

19:00

ricordati

Non continuare ad aspettare il momento giusto: oggi è il momento giusto .

Oggi __/__/__

OBBIETTIVI PER PRENDERTI CURA DI TE:

CURA DEL CORPO : _______________________________ ☐

CURA DEGLI SPAZI : _______________________________ ☐

CURA DELLE AMICIZIE : _______________________________ ☐

CURA DELL'AMORE : _______________________________ ☐

CURA DELLA CARRIERA : _______________________________ ☐

CURA DEGLI HOBBIES : _______________________________ ☐

CURA DELLE NECESSITÀ : _______________________________ ☐

CURA DELL'ANIMA : _______________________________ ☐

_______________ : _______________________________ ☐

APPUNTAMENTI:

8:00 _______________________________

9:00 _______________________________

10:00 _______________________________

11:00 _______________________________

12:00 _______________________________

13:00 _______________________________

14:00 _______________________________

15:00 _______________________________

16:00 _______________________________

17:00 _______________________________

18:00 _______________________________

19:00

ricordati

Trasformati nella versione migliore di te stesso e otterrai tutto ciò che di magnifico la vita può offrirti.

OBBIETTIVI PER PRENDERTI CURA DI TE:

CURA DEL CORPO :

CURA DEGLI SPAZI :

CURA DELLE AMICIZIE :

CURA DELL'AMORE :

CURA DELLA CARRIERA :

CURA DEGLI HOBBIES :

CURA DELLE NECESSITÀ :

CURA DELL'ANIMA :

__________ :

APPUNTAMENTI:

8:00

9:00

10:00

11:00

12:00

13:00

14:00

15:00

16:00

17:00

18:00

19:00

ricordati

Adotta una nuova
prospettiva e potrai
ricreare la tua vita in
qualsiasi momento.

Obbiettivi raggiunti questa settimana :

GRATITUDINE: sono grato per...

FELICITA': una cosa bella che è successa...

SUCCESSI: un ostacolo che ho superato...

SUGGERIMENTO A ME: avrei reso un esperienza migliore se...

"SE NON RIUSCIRAI A TROVARE **DENTRO TE STESSO** QUELLO CHE CERCHI, NON POTRAI TROVARLO NEMMENO FUORI. **IN TE** SI TROVA OCCULTO **IL TESORO** DEGLI DEI"

Oracolo di Delfi

OBBIETTIVI PER PRENDERTI CURA DI TE:

CURA DEL CORPO : _______________ ☐

CURA DEGLI SPAZI : _______________ ☐

CURA DELLE AMICIZIE : _______________ ☐

CURA DELL'AMORE : _______________ ☐

CURA DELLA CARRIERA : _______________ ☐

CURA DEGLI HOBBIES : _______________ ☐

CURA DELLE NECESSITÀ : _______________ ☐

CURA DELL'ANIMA : _______________ ☐

_______________ : _______________ ☐

APPUNTAMENTI:

8:00
____

9:00
____

10:00
____

11:00
____

12:00
____

13:00
____

14:00
____

15:00
____

16:00
____

17:00
____

18:00
____

19:00

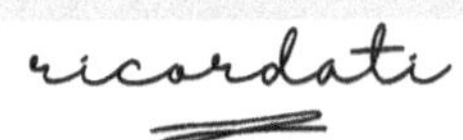

Una situazione insoddisfacente non deve essere necessariamente la tua destinazione finale.

OBBIETTIVI PER PRENDERTI CURA DI TE:

CURA DEL CORPO : ______________________ ☐

CURA DEGLI SPAZI : ______________________ ☐

CURA DELLE AMICIZIE : ______________________ ☐

CURA DELL'AMORE : ______________________ ☐

CURA DELLA CARRIERA : ______________________ ☐

CURA DEGLI HOBBIES : ______________________ ☐

CURA DELLE NECESSITÀ : ______________________ ☐

CURA DELL'ANIMA : ______________________ ☐

______________ : ______________________ ☐

APPUNTAMENTI:

8:00 ______________________

9:00 ______________________

10:00 ______________________

11:00 ______________________

12:00 ______________________

13:00 ______________________

14:00 ______________________

15:00 ______________________

16:00 ______________________

17:00 ______________________

18:00 ______________________

19:00 ______________________

ricordati

Sii il motore del tuo cambiamento! Scegli di cambiare!

OBBIETTIVI PER PRENDERTI CURA DI TE:

CURA DEL CORPO : _______________ ☐

CURA DEGLI SPAZI : _______________ ☐

CURA DELLE AMICIZIE : _______________ ☐

CURA DELL'AMORE : _______________ ☐

CURA DELLA CARRIERA : _______________ ☐

CURA DEGLI HOBBIES : _______________ ☐

CURA DELLE NECESSITÀ : _______________ ☐

CURA DELL'ANIMA : _______________ ☐

_______________ : _______________ ☐

APPUNTAMENTI:

8:00 _______________

9:00 _______________

10:00 _______________

11:00 _______________

12:00 _______________

13:00 _______________

14:00 _______________

15:00 _______________

16:00 _______________

17:00 _______________

18:00 _______________

19:00 _______________

ricordati

Non guardarti più indietro.
Decidi di andare avanti.

OBBIETTIVI PER PRENDERTI CURA DI TE:

CURA DEL CORPO : ___________________ ☐

CURA DEGLI SPAZI : ___________________ ☐

CURA DELLE AMICIZIE : ___________________ ☐

CURA DELL'AMORE : ___________________ ☐

CURA DELLA CARRIERA : ___________________ ☐

CURA DEGLI HOBBIES : ___________________ ☐

CURA DELLE NECESSITÀ : ___________________ ☐

CURA DELL'ANIMA : ___________________ ☐

___________ : ___________________ ☐

APPUNTAMENTI:

8:00
____

9:00
____

10:00
____

11:00
____

12:00
____

13:00
____

14:00
____

15:00
____

16:00
____

17:00
____

18:00
____

19:00

ricordati

Passa all'azione!
Intraprendendo passi sinceri
verso quello che per te è
realmente importante.

OBBIETTIVI PER PRENDERTI CURA DI TE:

CURA DEL CORPO : _____________________ ☐

CURA DEGLI SPAZI : _____________________ ☐

CURA DELLE AMICIZIE : _____________________ ☐

CURA DELL'AMORE : _____________________ ☐

CURA DELLA CARRIERA : _____________________ ☐

CURA DEGLI HOBBIES : _____________________ ☐

CURA DELLE NECESSITÀ : _____________________ ☐

CURA DELL'ANIMA : _____________________ ☐

_____________ : _____________________ ☐

APPUNTAMENTI:

8:00
____

9:00
____

10:00
____

11:00
____

12:00
____

13:00
____

14:00
____

15:00
____

16:00
____

17:00
____

18:00
____

19:00

ricordati

Non aspettare che le cose cambino. Fai dei cambiamenti!

OBBIETTIVI PER PRENDERTI CURA DI TE:

CURA DEL CORPO : _______________________ ☐

CURA DEGLI SPAZI : _______________________ ☐

CURA DELLE AMICIZIE : _______________________ ☐

CURA DELL'AMORE : _______________________ ☐

CURA DELLA CARRIERA : _______________________ ☐

CURA DEGLI HOBBIES : _______________________ ☐

CURA DELLE NECESSITÀ : _______________________ ☐

CURA DELL'ANIMA : _______________________ ☐

_______________________ : _______________________ ☐

APPUNTAMENTI:

8:00

9:00

10:00

11:00

12:00

13:00

14:00

15:00

16:00

17:00

18:00

19:00

ricordati

Prova nuove cose per accrescere le tue consapevolezze.

GRATITUDINE: sono grato per...

FELICITA': una cosa bella che è successa...

SUCCESSI: un ostacolo che ho superato...

SUGGERIMENTO A ME: avrei reso un esperienza migliore se...

"IL SEGRETO DELLA **FELICITÀ** È LA **LIBERTÀ** IL SEGRETO DELLA LIBERTÀ È IL **CORAGGIO**"

Tucidide

OBBIETTIVI PER PRENDERTI CURA DI TE:

CURA DEL CORPO : ____________________ ☐

CURA DEGLI SPAZI : ____________________ ☐

CURA DELLE AMICIZIE : ____________________ ☐

CURA DELL'AMORE : ____________________ ☐

CURA DELLA CARRIERA : ____________________ ☐

CURA DEGLI HOBBIES : ____________________ ☐

CURA DELLE NECESSITÀ : ____________________ ☐

CURA DELL'ANIMA : ____________________ ☐

____________________ : ____________________ ☐

APPUNTAMENTI:

8:00 ____________________

9:00 ____________________

10:00 ____________________

11:00 ____________________

12:00 ____________________

13:00 ____________________

14:00 ____________________

15:00 ____________________

16:00 ____________________

17:00 ____________________

18:00 ____________________

19:00 ____________________

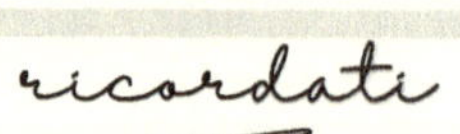

Sii più gentile, con te stesso e con gli altri.

OBBIETTIVI PER PRENDERTI CURA DI TE:

CURA DEL CORPO : ____________________ ☐

CURA DEGLI SPAZI : ____________________ ☐

CURA DELLE AMICIZIE : ____________________ ☐

CURA DELL'AMORE : ____________________ ☐

CURA DELLA CARRIERA : ____________________ ☐

CURA DEGLI HOBBIES : ____________________ ☐

CURA DELLE NECESSITÀ : ____________________ ☐

CURA DELL'ANIMA : ____________________ ☐

____________________ : ____________________ ☐

APPUNTAMENTI:

8:00 ____________________

9:00 ____________________

10:00 ____________________

11:00 ____________________

12:00 ____________________

13:00 ____________________

14:00 ____________________

15:00 ____________________

16:00 ____________________

17:00 ____________________

18:00 ____________________

19:00 ____________________

ricordati

Sii coraggioso e poniti nuove sfide. Celebra ogni successo.

OBBIETTIVI PER PRENDERTI CURA DI TE:

CURA DEL CORPO : _______________________ ☐

CURA DEGLI SPAZI : _______________________ ☐

CURA DELLE AMICIZIE : _______________________ ☐

CURA DELL'AMORE : _______________________ ☐

CURA DELLA CARRIERA : _______________________ ☐

CURA DEGLI HOBBIES : _______________________ ☐

CURA DELLE NECESSITÀ : _______________________ ☐

CURA DELL'ANIMA : _______________________ ☐

_______________ : _______________________ ☐

APPUNTAMENTI:

8:00
____

9:00
____

10:00
____

11:00
____

12:00
____

13:00
____

14:00
____

15:00
____

16:00
____

17:00
____

18:00
____

19:00

ricordati

Non permettere alle cose negative di oscurare la tua vera luce.

OBBIETTIVI PER PRENDERTI CURA DI TE:

CURA DEL CORPO : _______________________ ☐

CURA DEGLI SPAZI : _______________________ ☐

CURA DELLE AMICIZIE : _______________________ ☐

CURA DELL'AMORE : _______________________ ☐

CURA DELLA CARRIERA : _______________________ ☐

CURA DEGLI HOBBIES : _______________________ ☐

CURA DELLE NECESSITÀ : _______________________ ☐

CURA DELL'ANIMA : _______________________ ☐

_______________ : _______________________ ☐

APPUNTAMENTI:

8:00
____

9:00
____

10:00
____

11:00
____

12:00
____

13:00
____

14:00
____

15:00
____

16:00
____

17:00
____

18:00
____

19:00

ricordati

Ammettere che ci sono delle aree della tua vita in cui stai soffrendo è il primo passo per cambiare la tua vita.

Oggi___/___/___

OBBIETTIVI PER PRENDERTI CURA DI TE:

CURA DEL CORPO : ______________________ ☐

CURA DEGLI SPAZI : ______________________ ☐

CURA DELLE AMICIZIE : ______________________ ☐

CURA DELL'AMORE : ______________________ ☐

CURA DELLA CARRIERA : ______________________ ☐

CURA DEGLI HOBBIES : ______________________ ☐

CURA DELLE NECESSITÀ : ______________________ ☐

CURA DELL'ANIMA : ______________________ ☐

______________ : ______________________ ☐

APPUNTAMENTI:

8:00
____

9:00
____

10:00
____

11:00
____

12:00
____

13:00
____

14:00
____

15:00
____

16:00
____

17:00
____

18:00
____

19:00

ricordati

Circondati di persone che ti spronino a diventare una persona migliore, non peggiore.

OBBIETTIVI PER PRENDERTI CURA DI TE:

CURA DEL CORPO : _______________________ ☐

CURA DEGLI SPAZI : _______________________ ☐

CURA DELLE AMICIZIE : _______________________ ☐

CURA DELL'AMORE : _______________________ ☐

CURA DELLA CARRIERA : _______________________ ☐

CURA DEGLI HOBBIES : _______________________ ☐

CURA DELLE NECESSITÀ : _______________________ ☐

CURA DELL'ANIMA : _______________________ ☐

_______________ : _______________________ ☐

APPUNTAMENTI:

8:00

9:00

10:00

11:00

12:00

13:00

14:00

15:00

16:00

17:00

18:00

19:00

ricordati

Accetta i tuoi errori e assumitene la responsabilità. Sono loro che ti insegnano a fare meglio.

GRATITUDINE: sono grato per...

FELICITA': una cosa bella che è successa...

SUCCESSI: un ostacolo che ho superato...

SUGGERIMENTO A ME: avrei reso un esperienza migliore se...

"CI SONO SOLO **DUE GIORNI** ALL'ANNO IN CUI **NON PUOI FARE** NIENTE: UNO SI CHIAMA **IERI**, L'LTRO SI CHIAMA **DOMANI**, PERCIÒ **OGGI È IL GIORNO GIUSTO** PER AMARE, PER CREDERE, FARE E PRINCIPALMENTE, VIVERE"

Dalai Lama

Complimenti per aver completato questo mese :

COME TI SENTI?

QUALI EMOZIONI STAI PROVANDO?

COSA E' CAMBIATO?

Ed ora per rilassarci coloriamo un Mandala!

OBBIETTIVI PER PRENDERTI CURA DI TE:

CURA DEL CORPO : ____________________ ☐

CURA DEGLI SPAZI : ____________________ ☐

CURA DELLE AMICIZIE : ____________________ ☐

CURA DELL'AMORE : ____________________ ☐

CURA DELLA CARRIERA : ____________________ ☐

CURA DEGLI HOBBIES : ____________________ ☐

CURA DELLE NECESSITÀ : ____________________ ☐

CURA DELL'ANIMA : ____________________ ☐

____________________ : ____________________ ☐

APPUNTAMENTI:

8:00 ____________________

9:00 ____________________

10:00 ____________________

11:00 ____________________

12:00 ____________________

13:00 ____________________

14:00 ____________________

15:00 ____________________

16:00 ____________________

17:00 ____________________

18:00 ____________________

19:00 ____________________

ricordati

Non permettere ai pensieri negativi di prendere il controllo della tua vita.

OBBIETTIVI PER PRENDERTI CURA DI TE:

CURA DEL CORPO : _________________________ ☐

CURA DEGLI SPAZI : _________________________ ☐

CURA DELLE AMICIZIE : _________________________ ☐

CURA DELL'AMORE : _________________________ ☐

CURA DELLA CARRIERA : _________________________ ☐

CURA DEGLI HOBBIES : _________________________ ☐

CURA DELLE NECESSITÀ : _________________________ ☐

CURA DELL'ANIMA : _________________________ ☐

__________________ : _________________________ ☐

APPUNTAMENTI:

8:00 _______________________________

9:00 _______________________________

10:00 _______________________________

11:00 _______________________________

12:00 _______________________________

13:00 _______________________________

14:00 _______________________________

15:00 _______________________________

16:00 _______________________________

17:00 _______________________________

18:00 _______________________________

19:00

ricordati

Non ti ferisce chi sei o cosa stai vivendo, ma chi ancora non sei diventato.

Oggi __ / __ / __

OBBIETTIVI PER PRENDERTI CURA DI TE:

CURA DEL CORPO : _______________________ ☐

CURA DEGLI SPAZI : _______________________ ☐

CURA DELLE AMICIZIE : _______________________ ☐

CURA DELL'AMORE : _______________________ ☐

CURA DELLA CARRIERA : _______________________ ☐

CURA DEGLI HOBBIES : _______________________ ☐

CURA DELLE NECESSITÀ : _______________________ ☐

CURA DELL'ANIMA : _______________________ ☐

_______________ : _______________________ ☐

APPUNTAMENTI:

8:00 ______________________________

9:00 ______________________________

10:00 ______________________________

11:00 ______________________________

12:00 ______________________________

13:00 ______________________________

14:00 ______________________________

15:00 ______________________________

16:00 ______________________________

17:00 ______________________________

18:00 ______________________________

19:00

ricordati

Chiediti se quello che stai facendo ti aiuterà a diventare una persona migliore.

Obbiettivi per prenderti cura di te:

CURA DEL CORPO : ________________________ ☐

CURA DEGLI SPAZI : ________________________ ☐

CURA DELLE AMICIZIE : ________________________ ☐

CURA DELL'AMORE : ________________________ ☐

CURA DELLA CARRIERA : ________________________ ☐

CURA DEGLI HOBBIES : ________________________ ☐

CURA DELLE NECESSITÀ : ________________________ ☐

CURA DELL'ANIMA : ________________________ ☐

________________ : ________________________ ☐

APPUNTAMENTI:

8:00 ________________________

9:00 ________________________

10:00 ________________________

11:00 ________________________

12:00 ________________________

13:00 ________________________

14:00 ________________________

15:00 ________________________

16:00 ________________________

17:00 ________________________

18:00 ________________________

19:00 ________________________

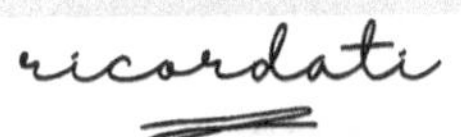

Attento alle parole che usi perché creano il mondo intorno a te.

Obbiettivi per prenderti cura di te:

CURA DEL CORPO : ____________________ ☐

CURA DEGLI SPAZI : ____________________ ☐

CURA DELLE AMICIZIE : ____________________ ☐

CURA DELL'AMORE : ____________________ ☐

CURA DELLA CARRIERA : ____________________ ☐

CURA DEGLI HOBBIES : ____________________ ☐

CURA DELLE NECESSITÀ : ____________________ ☐

CURA DELL'ANIMA : ____________________ ☐

____________________ : ____________________ ☐

APPUNTAMENTI:

8:00 ____________________

9:00 ____________________

10:00 ____________________

11:00 ____________________

12:00 ____________________

13:00 ____________________

14:00 ____________________

15:00 ____________________

16:00 ____________________

17:00 ____________________

18:00 ____________________

19:00 ____________________

ricordati

Non c'è futuro se vivi nel passato! Vivi il presente.

OBBIETTIVI PER PRENDERTI CURA DI TE:

CURA DEL CORPO : _______________________ ☐

CURA DEGLI SPAZI : _______________________ ☐

CURA DELLE AMICIZIE : _______________________ ☐

CURA DELL'AMORE : _______________________ ☐

CURA DELLA CARRIERA : _______________________ ☐

CURA DEGLI HOBBIES : _______________________ ☐

CURA DELLE NECESSITÀ : _______________________ ☐

CURA DELL'ANIMA : _______________________ ☐

_______________ : _______________________ ☐

APPUNTAMENTI:

8:00 _______________________

9:00 _______________________

10:00 _______________________

11:00 _______________________

12:00 _______________________

13:00 _______________________

14:00 _______________________

15:00 _______________________

16:00 _______________________

17:00 _______________________

18:00 _______________________

19:00 _______________________

ricordati

Per migliorare bisogna cambiare.

GRATITUDINE: sono grato per...

FELICITA': una cosa bella che è successa...

SUCCESSI: un ostacolo che ho superato...

SUGGERIMENTO A ME: avrei reso un esperienza migliore se...

"**LA VITA** È COME **UN ECO**: SE NON TI PIACE QUELLO CHE TI RIMANDA DEVI **CAMBIARE IL MESSAGGIO** CHE INVII."

Seneca

OBBIETTIVI PER PRENDERTI CURA DI TE:

CURA DEL CORPO : ________________________ ☐

CURA DEGLI SPAZI : ________________________ ☐

CURA DELLE AMICIZIE : ________________________ ☐

CURA DELL'AMORE : ________________________ ☐

CURA DELLA CARRIERA : ________________________ ☐

CURA DEGLI HOBBIES : ________________________ ☐

CURA DELLE NECESSITÀ : ________________________ ☐

CURA DELL'ANIMA : ________________________ ☐

___________ : ________________________ ☐

APPUNTAMENTI:

8:00
____

9:00
____

10:00
____

11:00
____

12:00
____

13:00
____

14:00
____

15:00
____

16:00
____

17:00
____

18:00
____

19:00

ricordati

Il fallimento non è mai fatale, abbi il coraggio di continuare.

OBBIETTIVI PER PRENDERTI CURA DI TE:

CURA DEL CORPO : ___________________ ☐

CURA DEGLI SPAZI : ___________________ ☐

CURA DELLE AMICIZIE : ___________________ ☐

CURA DELL'AMORE : ___________________ ☐

CURA DELLA CARRIERA : ___________________ ☐

CURA DEGLI HOBBIES : ___________________ ☐

CURA DELLE NECESSITÀ : ___________________ ☐

CURA DELL'ANIMA : ___________________ ☐

_____________ : ___________________ ☐

APPUNTAMENTI:

8:00
____

9:00
____

10:00
____

11:00
____

12:00
____

13:00
____

14:00
____

15:00
____

16:00
____

17:00
____

18:00
____

19:00

ricordati

Quando hai preso una decisione, sii pronto a metterla in discussione se non risponderà più ai tuoi desideri.

OBBIETTIVI PER PRENDERTI CURA DI TE:

CURA DEL CORPO : _______________________ ☐

CURA DEGLI SPAZI : _______________________ ☐

CURA DELLE AMICIZIE : _______________________ ☐

CURA DELL'AMORE : _______________________ ☐

CURA DELLA CARRIERA : _______________________ ☐

CURA DEGLI HOBBIES : _______________________ ☐

CURA DELLE NECESSITÀ : _______________________ ☐

CURA DELL'ANIMA : _______________________ ☐

_______________ : _______________________ ☐

APPUNTAMENTI:

8:00 _______________________

9:00 _______________________

10:00 _______________________

11:00 _______________________

12:00 _______________________

13:00 _______________________

14:00 _______________________

15:00 _______________________

16:00 _______________________

17:00 _______________________

18:00 _______________________

19:00 _______________________

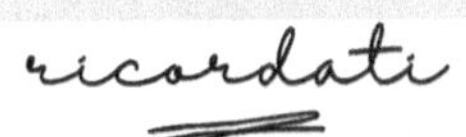

Si amico di te stesso! sarà il tuo più grande alleato.

OBBIETTIVI PER PRENDERTI CURA DI TE:

CURA DEL CORPO : ___________________ ☐

CURA DEGLI SPAZI : ___________________ ☐

CURA DELLE AMICIZIE : ___________________ ☐

CURA DELL'AMORE : ___________________ ☐

CURA DELLA CARRIERA : ___________________ ☐

CURA DEGLI HOBBIES : ___________________ ☐

CURA DELLE NECESSITÀ : ___________________ ☐

CURA DELL'ANIMA : ___________________ ☐

: ___________________ ☐

___________________ : ___________________ ☐

APPUNTAMENTI:

8:00 ___________________

9:00 ___________________

10:00 ___________________

11:00 ___________________

12:00 ___________________

13:00 ___________________

14:00 ___________________

15:00 ___________________

16:00 ___________________

17:00 ___________________

18:00 ___________________

19:00 ___________________

ricordati

Se sei confuso, ascolta il tuo corpo. A volte è lui il più saggio!

OBBIETTIVI PER PRENDERTI CURA DI TE:

CURA DEL CORPO : _______________________ ☐

CURA DEGLI SPAZI : _______________________ ☐

CURA DELLE AMICIZIE : _______________________ ☐

CURA DELL'AMORE : _______________________ ☐

CURA DELLA CARRIERA : _______________________ ☐

CURA DEGLI HOBBIES : _______________________ ☐

CURA DELLE NECESSITÀ : _______________________ ☐

CURA DELL'ANIMA : _______________________ ☐

_______________ : _______________________ ☐

APPUNTAMENTI:

8:00
____

9:00
____

10:00
____

11:00
____

12:00
____

13:00
____

14:00
____

15:00
____

16:00
____

17:00
____

18:00
____

19:00

ricordati

La fiducia in se stessi è
sempre ben riposta.

OBBIETTIVI PER PRENDERTI CURA DI TE:

CURA DEL CORPO : _______________________ ☐

CURA DEGLI SPAZI : _______________________ ☐

CURA DELLE AMICIZIE : _______________________ ☐

CURA DELL'AMORE : _______________________ ☐

CURA DELLA CARRIERA : _______________________ ☐

CURA DEGLI HOBBIES : _______________________ ☐

CURA DELLE NECESSITÀ : _______________________ ☐

CURA DELL'ANIMA : _______________________ ☐

_______________ : _______________________ ☐

APPUNTAMENTI:

8:00

9:00

10:00

11:00

12:00

13:00

14:00

15:00

16:00

17:00

18:00

19:00

ricordati

Esci , e guarda il sole: ti riscalderà dentro e fuori.

GRATITUDINE: sono grato per...

FELICITA': una cosa bella che è successa...

SUCCESSI: un ostacolo che ho superato...

SUGGERIMENTO A ME: avrei reso un esperienza migliore se...

"SII IL CAMBIAMENTO CHE VUOI VEDERE NEL MONDO"
Gandhi

OBBIETTIVI PER PRENDERTI CURA DI TE:

CURA DEL CORPO : ________________________ ☐

CURA DEGLI SPAZI : ________________________ ☐

CURA DELLE AMICIZIE : ________________________ ☐

CURA DELL'AMORE : ________________________ ☐

CURA DELLA CARRIERA : ________________________ ☐

CURA DEGLI HOBBIES : ________________________ ☐

CURA DELLE NECESSITÀ : ________________________ ☐

CURA DELL'ANIMA : ________________________ ☐

_____________ : ________________________ ☐

APPUNTAMENTI:

8:00 ________________________

9:00 ________________________

10:00 ________________________

11:00 ________________________

12:00 ________________________

13:00 ________________________

14:00 ________________________

15:00 ________________________

16:00 ________________________

17:00 ________________________

18:00 ________________________

19:00 ________________________

ricordati

Qualunque sia il tuo
fallimento, prova ancora!

OBBIETTIVI PER PRENDERTI CURA DI TE:

CURA DEL CORPO : _________________________ ☐

CURA DEGLI SPAZI : _________________________ ☐

CURA DELLE AMICIZIE : _________________________ ☐

CURA DELL'AMORE : _________________________ ☐

CURA DELLA CARRIERA : _________________________ ☐

CURA DEGLI HOBBIES : _________________________ ☐

CURA DELLE NECESSITÀ : _________________________ ☐

CURA DELL'ANIMA : _________________________ ☐

_____________ : _________________________ ☐

APPUNTAMENTI:

8:00
____

9:00
____

10:00
____

11:00
____

12:00
____

13:00
____

14:00
____

15:00
____

16:00
____

17:00
____

18:00
____

19:00

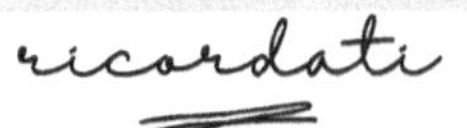

ricordati

Potrai anche sentirti solo,
ma in realtà, se ci pensi
bene non sei mai solo!

OBBIETTIVI PER PRENDERTI CURA DI TE:

CURA DEL CORPO : _______________________ ☐

CURA DEGLI SPAZI : _______________________ ☐

CURA DELLE AMICIZIE : _______________________ ☐

CURA DELL'AMORE : _______________________ ☐

CURA DELLA CARRIERA : _______________________ ☐

CURA DEGLI HOBBIES : _______________________ ☐

CURA DELLE NECESSITÀ : _______________________ ☐

CURA DELL'ANIMA : _______________________ ☐

_______________ : _______________________ ☐

APPUNTAMENTI:

8:00 ___________________________

9:00 ___________________________

10:00 ___________________________

11:00 ___________________________

12:00 ___________________________

13:00 ___________________________

14:00 ___________________________

15:00 ___________________________

16:00 ___________________________

17:00 ___________________________

18:00 ___________________________

19:00

ricordati

La felicità è una scelta.

OBBIETTIVI PER PRENDERTI CURA DI TE:

CURA DEL CORPO : ________________________ ☐

CURA DEGLI SPAZI : ________________________ ☐

CURA DELLE AMICIZIE : ________________________ ☐

CURA DELL'AMORE : ________________________ ☐

CURA DELLA CARRIERA : ________________________ ☐

CURA DEGLI HOBBIES : ________________________ ☐

CURA DELLE NECESSITÀ : ________________________ ☐

CURA DELL'ANIMA : ________________________ ☐

________________ : ________________________ ☐

APPUNTAMENTI:

8:00
____

9:00
____

10:00
____

11:00
____

12:00
____

13:00
____

14:00
____

15:00
____

16:00
____

17:00
____

18:00
____

19:00

ricordati

Non è reato sognare in grande!

OBBIETTIVI PER PRENDERTI CURA DI TE:

CURA DEL CORPO : _______________________ ☐

CURA DEGLI SPAZI : _______________________ ☐

CURA DELLE AMICIZIE : _______________________ ☐

CURA DELL'AMORE : _______________________ ☐

CURA DELLA CARRIERA : _______________________ ☐

CURA DEGLI HOBBIES : _______________________ ☐

CURA DELLE NECESSITÀ : _______________________ ☐

CURA DELL'ANIMA : _______________________ ☐

_______________ : _______________________ ☐

APPUNTAMENTI:

8:00 _______________________

9:00 _______________________

10:00 _______________________

11:00 _______________________

12:00 _______________________

13:00 _______________________

14:00 _______________________

15:00 _______________________

16:00 _______________________

17:00 _______________________

18:00 _______________________

19:00 _______________________

ricordati

Non indugiare sul passato, non perderti sognando il futuro, ma vivi il momento presente.

OBBIETTIVI PER PRENDERTI CURA DI TE:

CURA DEL CORPO : _______________________________ ☐

CURA DEGLI SPAZI : _______________________________ ☐

CURA DELLE AMICIZIE : _______________________________ ☐

CURA DELL'AMORE : _______________________________ ☐

CURA DELLA CARRIERA : _______________________________ ☐

CURA DEGLI HOBBIES : _______________________________ ☐

CURA DELLE NECESSITÀ : _______________________________ ☐

CURA DELL'ANIMA : _______________________________ ☐

_______________________ : _______________________________ ☐

APPUNTAMENTI:

8:00 _______________________________

9:00 _______________________________

10:00 _______________________________

11:00 _______________________________

12:00 _______________________________

13:00 _______________________________

14:00 _______________________________

15:00 _______________________________

16:00 _______________________________

17:00 _______________________________

18:00 _______________________________

19:00

ricordati

Meriti di essere felice!

GRATITUDINE: sono grato per...

FELICITA': una cosa bella che è successa...

SUCCESSI: un ostacolo che ho superato...

SUGGERIMENTO A ME: avrei reso un esperienza migliore se...

"ESISTE UN' ISOLA DI OPPORTUNITÀ ALL'INTERNO DI OGNI DIFFICOLTÀ."

Demostene

OBBIETTIVI PER PRENDERTI CURA DI TE:

CURA DEL CORPO : _______________________ ☐

CURA DEGLI SPAZI : _______________________ ☐

CURA DELLE AMICIZIE : _______________________ ☐

CURA DELL'AMORE : _______________________ ☐

CURA DELLA CARRIERA : _______________________ ☐

CURA DEGLI HOBBIES : _______________________ ☐

CURA DELLE NECESSITÀ : _______________________ ☐

CURA DELL'ANIMA : _______________________ ☐

_______________ : _______________________ ☐

APPUNTAMENTI:

8:00
____

9:00
____

10:00
____

11:00
____

12:00
____

13:00
____

14:00
____

15:00
____

16:00
____

17:00
____

18:00
____

19:00

ricordati

Ricordati chi vuoi diventare!

OBBIETTIVI PER PRENDERTI CURA DI TE:

CURA DEL CORPO : ___________________________ ☐

CURA DEGLI SPAZI : ___________________________ ☐

CURA DELLE AMICIZIE : ___________________________ ☐

CURA DELL'AMORE : ___________________________ ☐

CURA DELLA CARRIERA : ___________________________ ☐

CURA DEGLI HOBBIES : ___________________________ ☐

CURA DELLE NECESSITÀ : ___________________________ ☐

CURA DELL'ANIMA : ___________________________ ☐

___________________ : ___________________________ ☐

APPUNTAMENTI:

8:00 _______________________________

9:00 _______________________________

10:00 _______________________________

11:00 _______________________________

12:00 _______________________________

13:00 _______________________________

14:00 _______________________________

15:00 _______________________________

16:00 _______________________________

17:00 _______________________________

18:00 _______________________________

19:00

ricordati

Sii intenzionale!

OBBIETTIVI PER PRENDERTI CURA DI TE:

CURA DEL CORPO : _______________________ ☐

CURA DEGLI SPAZI : _______________________ ☐

CURA DELLE AMICIZIE : _______________________ ☐

CURA DELL'AMORE : _______________________ ☐

CURA DELLA CARRIERA : _______________________ ☐

CURA DEGLI HOBBIES : _______________________ ☐

CURA DELLE NECESSITÀ : _______________________ ☐

CURA DELL'ANIMA : _______________________ ☐

_______________ : _______________________ ☐

APPUNTAMENTI:

8:00
____

9:00
____

10:00
____

11:00
____

12:00
____

13:00
____

14:00
____

15:00
____

16:00
____

17:00
____

18:00
____

19:00

ricordati

Fai piccoli passi per grandi cambiamenti!

OBBIETTIVI PER PRENDERTI CURA DI TE:

CURA DEL CORPO : _______________________ ☐

CURA DEGLI SPAZI : _______________________ ☐

CURA DELLE AMICIZIE : _______________________ ☐

CURA DELL'AMORE : _______________________ ☐

CURA DELLA CARRIERA : _______________________ ☐

CURA DEGLI HOBBIES : _______________________ ☐

CURA DELLE NECESSITÀ : _______________________ ☐

CURA DELL'ANIMA : _______________________ ☐

_______________ : _______________________ ☐

APPUNTAMENTI:

8:00 _______________________

9:00 _______________________

10:00 _______________________

11:00 _______________________

12:00 _______________________

13:00 _______________________

14:00 _______________________

15:00 _______________________

16:00 _______________________

17:00 _______________________

18:00 _______________________

19:00 _______________________

ricordati

Valorizza il tuo tempo.

OBBIETTIVI PER PRENDERTI CURA DI TE:

CURA DEL CORPO : _________________________ ☐

CURA DEGLI SPAZI : _________________________ ☐

CURA DELLE AMICIZIE : _________________________ ☐

CURA DELL'AMORE : _________________________ ☐

CURA DELLA CARRIERA : _________________________ ☐

CURA DEGLI HOBBIES : _________________________ ☐

CURA DELLE NECESSITÀ : _________________________ ☐

CURA DELL'ANIMA : _________________________ ☐

_____________ : _________________________ ☐

APPUNTAMENTI:

8:00

9:00

10:00

11:00

12:00

13:00

14:00

15:00

16:00

17:00

18:00

19:00

ricordati

Non cercare la perfezione.

OBBIETTIVI PER PRENDERTI CURA DI TE:

CURA DEL CORPO : ______________________________ ☐

CURA DEGLI SPAZI : ______________________________ ☐

CURA DELLE AMICIZIE : ______________________________ ☐

CURA DELL'AMORE : ______________________________ ☐

CURA DELLA CARRIERA : ______________________________ ☐

CURA DEGLI HOBBIES : ______________________________ ☐

CURA DELLE NECESSITÀ : ______________________________ ☐

CURA DELL'ANIMA : ______________________________ ☐

______________ : ______________________________ ☐

APPUNTAMENTI:

8:00
____

9:00
____

10:00
____

11:00
____

12:00
____

13:00
____

14:00
____

15:00
____

16:00
____

17:00
____

18:00
____

19:00

ricordati

Agisci!

Obbiettivi raggiunti questa settimana :

GRATITUDINE: sono grato per...

FELICITA': una cosa bella che è successa...

SUCCESSI: un ostacolo che ho superato...

SUGGERIMENTO A ME: avrei reso un esperienza migliore se...

"MENTRE COMPI LA TUA **SCELTA** NELLA **VITA** NON **DIMENTICARTI** DI **VIVERE**"

S. Johnson

Complimenti per aver completato questo mese :

COME TI SENTI?

QUALI EMOZIONI STAI PROVANDO?

COSA E' CAMBIATO?

Ed ora per rilassarci coloriamo un Mandala!

OBBIETTIVI PER PRENDERTI CURA DI TE:

CURA DEL CORPO : ________________ ☐

CURA DEGLI SPAZI : ________________ ☐

CURA DELLE AMICIZIE : ________________ ☐

CURA DELL'AMORE : ________________ ☐

CURA DELLA CARRIERA : ________________ ☐

CURA DEGLI HOBBIES : ________________ ☐

CURA DELLE NECESSITÀ : ________________ ☐

CURA DELL'ANIMA : ________________ ☐

________________ : ________________ ☐

APPUNTAMENTI:

8:00

9:00

10:00

11:00

12:00

13:00

14:00

15:00

16:00

17:00

18:00

19:00

ricordati

Smetti di perdere il tuo tempo in cose che non ti arricchiscono!

OBBIETTIVI PER PRENDERTI CURA DI TE:

CURA DEL CORPO : ________________________ ☐

CURA DEGLI SPAZI : ________________________ ☐

CURA DELLE AMICIZIE : ________________________ ☐

CURA DELL'AMORE : ________________________ ☐

CURA DELLA CARRIERA : ________________________ ☐

CURA DEGLI HOBBIES : ________________________ ☐

CURA DELLE NECESSITÀ : ________________________ ☐

CURA DELL'ANIMA : ________________________ ☐

____________ : ________________________ ☐

APPUNTAMENTI:

8:00 ________________________

9:00 ________________________

10:00 ________________________

11:00 ________________________

12:00 ________________________

13:00 ________________________

14:00 ________________________

15:00 ________________________

16:00 ________________________

17:00 ________________________

18:00 ________________________

19:00 ________________________

ricordati

Fa che i tuoi sogni si realizzino.

OBBIETTIVI PER PRENDERTI CURA DI TE:

CURA DEL CORPO : ☐

CURA DEGLI SPAZI : ☐

CURA DELLE AMICIZIE : ☐

CURA DELL'AMORE : ☐

CURA DELLA CARRIERA : ☐

CURA DEGLI HOBBIES : ☐

CURA DELLE NECESSITÀ : ☐

CURA DELL'ANIMA : ☐

__________ : ☐

APPUNTAMENTI:

8:00

9:00

10:00

11:00

12:00

13:00

14:00

15:00

16:00

17:00

18:00

19:00

ricordati

Alle idee piace accendersi
l'una con l'altra come
scintille: innescale!

OBBIETTIVI PER PRENDERTI CURA DI TE:

CURA DEL CORPO : _______________________ ☐

CURA DEGLI SPAZI : _______________________ ☐

CURA DELLE AMICIZIE : _______________________ ☐

CURA DELL'AMORE : _______________________ ☐

CURA DELLA CARRIERA : _______________________ ☐

CURA DEGLI HOBBIES : _______________________ ☐

CURA DELLE NECESSITÀ : _______________________ ☐

CURA DELL'ANIMA : _______________________ ☐

_______________ : _______________________ ☐

APPUNTAMENTI:

8:00
____

9:00
____

10:00
____

11:00
____

12:00
____

13:00
____

14:00
____

15:00
____

16:00
____

17:00
____

18:00
____

19:00

ricordati

Non impiegare il tuo tempo a rimuginare sugli accadimenti.

OBBIETTIVI PER PRENDERTI CURA DI TE:

CURA DEL CORPO : ________________________ ☐

CURA DEGLI SPAZI : ________________________ ☐

CURA DELLE AMICIZIE : ________________________ ☐

CURA DELL'AMORE : ________________________ ☐

CURA DELLA CARRIERA : ________________________ ☐

CURA DEGLI HOBBIES : ________________________ ☐

CURA DELLE NECESSITÀ : ________________________ ☐

CURA DELL'ANIMA : ________________________ ☐

________________ : ________________________ ☐

APPUNTAMENTI:

8:00
____

9:00
____

10:00
____

11:00
____

12:00
____

13:00
____

14:00
____

15:00
____

16:00
____

17:00
____

18:00
____

19:00

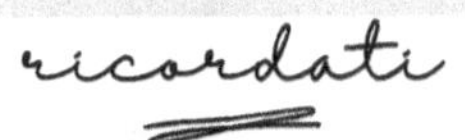

Dai più importanza alle tue relazioni.

OBBIETTIVI PER PRENDERTI CURA DI TE:

CURA DEL CORPO :

CURA DEGLI SPAZI :

CURA DELLE AMICIZIE :

CURA DELL'AMORE :

CURA DELLA CARRIERA :

CURA DEGLI HOBBIES :

CURA DELLE NECESSITÀ :

CURA DELL'ANIMA :

APPUNTAMENTI:

8:00

9:00

10:00

11:00

12:00

13:00

14:00

15:00

16:00

17:00

18:00

19:00

ricordati

Credi in te stesso e nelle tue potenzialità.

GRATITUDINE: sono grato per...

FELICITA': una cosa bella che è successa...

SUCCESSI: un ostacolo che ho superato...

SUGGERIMENTO A ME: avrei reso un esperienza migliore se...

"É FELICE CHI, GIORNO PER GIORNO PUÒ DIRE: HO VISSUTO!"

Orazio

OBBIETTIVI PER PRENDERTI CURA DI TE:

CURA DEL CORPO :

CURA DEGLI SPAZI :

CURA DELLE AMICIZIE :

CURA DELL'AMORE :

CURA DELLA CARRIERA :

CURA DEGLI HOBBIES :

CURA DELLE NECESSITÀ :

CURA DELL'ANIMA :

APPUNTAMENTI:

8:00

9:00

10:00

11:00

12:00

13:00

14:00

15:00

16:00

17:00

18:00

19:00

ricordati

Ascolta le tue emozioni, anche quelle negative.

OBBIETTIVI PER PRENDERTI CURA DI TE:

CURA DEL CORPO : _______________________ ☐

CURA DEGLI SPAZI : _______________________ ☐

CURA DELLE AMICIZIE : _______________________ ☐

CURA DELL'AMORE : _______________________ ☐

CURA DELLA CARRIERA : _______________________ ☐

CURA DEGLI HOBBIES : _______________________ ☐

CURA DELLE NECESSITÀ : _______________________ ☐

CURA DELL'ANIMA : _______________________ ☐

_______________ : _______________________ ☐

APPUNTAMENTI:

8:00
____

9:00
____

10:00
____

11:00
____

12:00
____

13:00
____

14:00
____

15:00
____

16:00
____

17:00
____

18:00
____

19:00

ricordati

Non bisogna essere
sempre, per forza positivi.
Sii come ti senti di essere.

OBBIETTIVI PER PRENDERTI CURA DI TE:

CURA DEL CORPO : _______________________________ ☐

CURA DEGLI SPAZI : _______________________________ ☐

CURA DELLE AMICIZIE : _______________________________ ☐

CURA DELL'AMORE : _______________________________ ☐

CURA DELLA CARRIERA : _______________________________ ☐

CURA DEGLI HOBBIES : _______________________________ ☐

CURA DELLE NECESSITÀ : _______________________________ ☐

CURA DELL'ANIMA : _______________________________ ☐

_______________ : _______________________________ ☐

APPUNTAMENTI:

8:00 _______________________________

9:00 _______________________________

10:00 _______________________________

11:00 _______________________________

12:00 _______________________________

13:00 _______________________________

14:00 _______________________________

15:00 _______________________________

16:00 _______________________________

17:00 _______________________________

18:00 _______________________________

19:00 _______________________________

ricordati

Scegli una meta, ed anche il deserto diventerà strada.

OBBIETTIVI PER PRENDERTI CURA DI TE:

CURA DEL CORPO : ___________________________ ☐

CURA DEGLI SPAZI : ___________________________ ☐

CURA DELLE AMICIZIE : ___________________________ ☐

CURA DELL'AMORE : ___________________________ ☐

CURA DELLA CARRIERA : ___________________________ ☐

CURA DEGLI HOBBIES : ___________________________ ☐

CURA DELLE NECESSITÀ : ___________________________ ☐

CURA DELL'ANIMA : ___________________________ ☐

_________________ : ___________________________ ☐

APPUNTAMENTI:

8:00
____

9:00
____

10:00
____

11:00
____

12:00
____

13:00
____

14:00
____

15:00
____

16:00
____

17:00
____

18:00
____

19:00

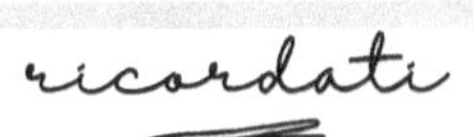

Prenditi cura di te un passo
alla volta.

OBBIETTIVI PER PRENDERTI CURA DI TE:

CURA DEL CORPO : _______________________

CURA DEGLI SPAZI : _______________________

CURA DELLE AMICIZIE : _______________________

CURA DELL'AMORE : _______________________

CURA DELLA CARRIERA : _______________________

CURA DEGLI HOBBIES : _______________________

CURA DELLE NECESSITÀ : _______________________

CURA DELL'ANIMA : _______________________

_______________ : _______________________

APPUNTAMENTI:

8:00 _______________________

9:00 _______________________

10:00 _______________________

11:00 _______________________

12:00 _______________________

13:00 _______________________

14:00 _______________________

15:00 _______________________

16:00 _______________________

17:00 _______________________

18:00 _______________________

19:00

ricordati

Vivere significa fare delle scelte.

Oggi __/__/__

OBBIETTIVI PER PRENDERTI CURA DI TE:

CURA DEL CORPO : ____________________ ☐

CURA DEGLI SPAZI : ____________________ ☐

CURA DELLE AMICIZIE : ____________________ ☐

CURA DELL'AMORE : ____________________ ☐

CURA DELLA CARRIERA : ____________________ ☐

CURA DEGLI HOBBIES : ____________________ ☐

CURA DELLE NECESSITÀ : ____________________ ☐

CURA DELL'ANIMA : ____________________ ☐

________ : ____________________ ☐

APPUNTAMENTI:

8:00 ____________________

9:00 ____________________

10:00 ____________________

11:00 ____________________

12:00 ____________________

13:00 ____________________

14:00 ____________________

15:00 ____________________

16:00 ____________________

17:00 ____________________

18:00 ____________________

19:00

ricordati

Non puoi controllare tutto:
Respira e lascia andare.

Obbiettivi raggiunti questa settimana :

GRATITUDINE: sono grato per...

FELICITA': una cosa bella che è successa...

SUCCESSI: un ostacolo che ho superato...

SUGGERIMENTO A ME: avrei reso un esperienza migliore se...

"CHI GUARDA ALL'ESTERNO, SOGNA CHI GUARDA ALL'INTERNO, APRE GLI OCCHI. "

Carl Gustav Jung

OBBIETTIVI PER PRENDERTI CURA DI TE:

CURA DEL CORPO : _______________________ ☐

CURA DEGLI SPAZI : _______________________ ☐

CURA DELLE AMICIZIE : _______________________ ☐

CURA DELL'AMORE : _______________________ ☐

CURA DELLA CARRIERA : _______________________ ☐

CURA DEGLI HOBBIES : _______________________ ☐

CURA DELLE NECESSITÀ : _______________________ ☐

CURA DELL'ANIMA : _______________________ ☐

_______________ : _______________________ ☐

APPUNTAMENTI:

8:00 _______________________

9:00 _______________________

10:00 _______________________

11:00 _______________________

12:00 _______________________

13:00 _______________________

14:00 _______________________

15:00 _______________________

16:00 _______________________

17:00 _______________________

18:00 _______________________

19:00

ricordati

La vita non è giusta ne ingiusta. Semplicemente accade e noi dobbiamo scegliere cosa farne.

OBBIETTIVI PER PRENDERTI CURA DI TE:

CURA DEL CORPO : _______________________ ☐

CURA DEGLI SPAZI : _______________________ ☐

CURA DELLE AMICIZIE : _______________________ ☐

CURA DELL'AMORE : _______________________ ☐

CURA DELLA CARRIERA : _______________________ ☐

CURA DEGLI HOBBIES : _______________________ ☐

CURA DELLE NECESSITÀ : _______________________ ☐

CURA DELL'ANIMA : _______________________ ☐

_________________ : _______________________ ☐

APPUNTAMENTI:

8:00 _____________________________

9:00 _____________________________

10:00 _____________________________

11:00 _____________________________

12:00 _____________________________

13:00 _____________________________

14:00 _____________________________

15:00 _____________________________

16:00 _____________________________

17:00 _____________________________

18:00 _____________________________

19:00

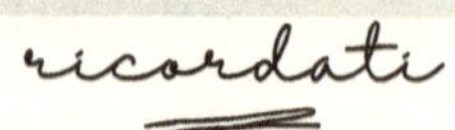

Se non cambi dentro di te non potrai cambiare la vita fuori di te.

OBBIETTIVI PER PRENDERTI CURA DI TE:

CURA DEL CORPO : _______________________ ☐

CURA DEGLI SPAZI : _______________________ ☐

CURA DELLE AMICIZIE : _______________________ ☐

CURA DELL'AMORE : _______________________ ☐

CURA DELLA CARRIERA : _______________________ ☐

CURA DEGLI HOBBIES : _______________________ ☐

CURA DELLE NECESSITÀ : _______________________ ☐

CURA DELL'ANIMA : _______________________ ☐

_______________ : _______________________ ☐

APPUNTAMENTI:

8:00
____

9:00
____

10:00
____

11:00
____

12:00
____

13:00
____

14:00
____

15:00
____

16:00
____

17:00
____

18:00
____

19:00

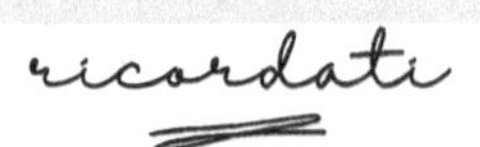

ricordati

Vivi espandendo i tuoi
limiti e le tue paure.

OBBIETTIVI PER PRENDERTI CURA DI TE:

CURA DEL CORPO : ____________________________ ☐

CURA DEGLI SPAZI : ____________________________ ☐

CURA DELLE AMICIZIE : ____________________________ ☐

CURA DELL'AMORE : ____________________________ ☐

CURA DELLA CARRIERA : ____________________________ ☐

CURA DEGLI HOBBIES : ____________________________ ☐

CURA DELLE NECESSITÀ : ____________________________ ☐

CURA DELL'ANIMA : ____________________________ ☐

____________________ : ____________________________ ☐

APPUNTAMENTI:

8:00 ____________________________

9:00 ____________________________

10:00 ____________________________

11:00 ____________________________

12:00 ____________________________

13:00 ____________________________

14:00 ____________________________

15:00 ____________________________

16:00 ____________________________

17:00 ____________________________

18:00 ____________________________

19:00

ricordati

Avere paura è normale; non c'è nulla di sbagliato.

OBBIETTIVI PER PRENDERTI CURA DI TE:

CURA DEL CORPO : _______________________ ☐

CURA DEGLI SPAZI : _______________________ ☐

CURA DELLE AMICIZIE : _______________________ ☐

CURA DELL'AMORE : _______________________ ☐

CURA DELLA CARRIERA : _______________________ ☐

CURA DEGLI HOBBIES : _______________________ ☐

CURA DELLE NECESSITÀ : _______________________ ☐

CURA DELL'ANIMA : _______________________ ☐

_______________ : _______________________ ☐

APPUNTAMENTI:

8:00
____

9:00
____

10:00
____

11:00
____

12:00
____

13:00
____

14:00
____

15:00
____

16:00
____

17:00
____

18:00
____

19:00

ricordati

Presta ascolto alle tue intuizioni.

OBBIETTIVI PER PRENDERTI CURA DI TE:

CURA DEL CORPO :

CURA DEGLI SPAZI :

CURA DELLE AMICIZIE :

CURA DELL'AMORE :

CURA DELLA CARRIERA :

CURA DEGLI HOBBIES :

CURA DELLE NECESSITÀ :

CURA DELL'ANIMA :

APPUNTAMENTI:

8:00

9:00

10:00

11:00

12:00

13:00

14:00

15:00

16:00

17:00

18:00

19:00

ricordati

Le cose meravigliose accadono quando meno te lo aspetti.

Obbiettivi raggiunti questa settimana :

GRATITUDINE: sono grato per...

FELICITA': una cosa bella che è successa...

SUCCESSI: un ostacolo che ho superato...

SUGGERIMENTO A ME: avrei reso un esperienza migliore se...

"CADENDO, LA GOCCIA **SCAVA** LA PIETRA, NON PER LA SUA **FORZA**, MA PER LA SUA **COSTANZA**"

Lucrezio

OBBIETTIVI PER PRENDERTI CURA DI TE:

CURA DEL CORPO : _______________________ ☐

CURA DEGLI SPAZI : _______________________ ☐

CURA DELLE AMICIZIE : _______________________ ☐

CURA DELL'AMORE : _______________________ ☐

CURA DELLA CARRIERA : _______________________ ☐

CURA DEGLI HOBBIES : _______________________ ☐

CURA DELLE NECESSITÀ : _______________________ ☐

CURA DELL'ANIMA : _______________________ ☐

_______________ : _______________________ ☐

APPUNTAMENTI:

8:00
____

9:00
____

10:00
____

11:00
____

12:00
____

13:00
____

14:00
____

15:00
____

16:00
____

17:00
____

18:00
____

19:00

ricordati

Oggi sarà una bella giornata; domani lo sarà ancora di più.

OBBIETTIVI PER PRENDERTI CURA DI TE:

CURA DEL CORPO : _________________________ ☐

CURA DEGLI SPAZI : _________________________ ☐

CURA DELLE AMICIZIE : _________________________ ☐

CURA DELL'AMORE : _________________________ ☐

CURA DELLA CARRIERA : _________________________ ☐

CURA DEGLI HOBBIES : _________________________ ☐

CURA DELLE NECESSITÀ : _________________________ ☐

CURA DELL'ANIMA : _________________________ ☐

_____________ : _________________________ ☐

APPUNTAMENTI:

8:00
____

9:00
____

10:00
____

11:00
____

12:00
____

13:00
____

14:00
____

15:00
____

16:00
____

17:00
____

18:00
____

19:00

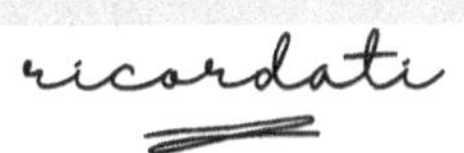

ricordati

Datti la possibilità di dire si senza timore.

OBBIETTIVI PER PRENDERTI CURA DI TE:

CURA DEL CORPO : _______________________ ☐

CURA DEGLI SPAZI : _______________________ ☐

CURA DELLE AMICIZIE : _______________________ ☐

CURA DELL'AMORE : _______________________ ☐

CURA DELLA CARRIERA : _______________________ ☐

CURA DEGLI HOBBIES : _______________________ ☐

CURA DELLE NECESSITÀ : _______________________ ☐

CURA DELL'ANIMA : _______________________ ☐

_______________ : _______________________ ☐

APPUNTAMENTI:

8:00 _______________________

9:00 _______________________

10:00 _______________________

11:00 _______________________

12:00 _______________________

13:00 _______________________

14:00 _______________________

15:00 _______________________

16:00 _______________________

17:00 _______________________

18:00 _______________________

19:00 _______________________

ricordati

Datti la possibilità di dire
No senza paura.

OBBIETTIVI PER PRENDERTI CURA DI TE:

CURA DEL CORPO : _______________________ ☐

CURA DEGLI SPAZI : _______________________ ☐

CURA DELLE AMICIZIE : _______________________ ☐

CURA DELL'AMORE : _______________________ ☐

CURA DELLA CARRIERA : _______________________ ☐

CURA DEGLI HOBBIES : _______________________ ☐

CURA DELLE NECESSITÀ : _______________________ ☐

CURA DELL'ANIMA : _______________________ ☐

_______________ : _______________________ ☐

APPUNTAMENTI:

8:00 _______________________

9:00 _______________________

10:00 _______________________

11:00 _______________________

12:00 _______________________

13:00 _______________________

14:00 _______________________

15:00 _______________________

16:00 _______________________

17:00 _______________________

18:00 _______________________

19:00 _______________________

ricordati

Credi nelle tue azioni
perché fanno la differenza.

OBBIETTIVI PER PRENDERTI CURA DI TE:

CURA DEL CORPO : ________________________ ☐

CURA DEGLI SPAZI : ________________________ ☐

CURA DELLE AMICIZIE : ________________________ ☐

CURA DELL'AMORE : ________________________ ☐

CURA DELLA CARRIERA : ________________________ ☐

CURA DEGLI HOBBIES : ________________________ ☐

CURA DELLE NECESSITÀ : ________________________ ☐

CURA DELL'ANIMA : ________________________ ☐

________________ : ________________________ ☐

APPUNTAMENTI:

8:00 ________________________

9:00 ________________________

10:00 ________________________

11:00 ________________________

12:00 ________________________

13:00 ________________________

14:00 ________________________

15:00 ________________________

16:00 ________________________

17:00 ________________________

18:00 ________________________

19:00 ________________________

ricordati

Non basta piacerti: punta ad amarti!

OBBIETTIVI PER PRENDERTI CURA DI TE:

CURA DEL CORPO : _______________________ ☐

CURA DEGLI SPAZI : _______________________ ☐

CURA DELLE AMICIZIE : _______________________ ☐

CURA DELL'AMORE : _______________________ ☐

CURA DELLA CARRIERA : _______________________ ☐

CURA DEGLI HOBBIES : _______________________ ☐

CURA DELLE NECESSITÀ : _______________________ ☐

CURA DELL'ANIMA : _______________________ ☐

_______________ : _______________________ ☐

APPUNTAMENTI:

8:00

9:00

10:00

11:00

12:00

13:00

14:00

15:00

16:00

17:00

18:00

19:00

ricordati

Quando ti senti di corsa, rallenta.

GRATITUDINE: sono grato per...

FELICITA': una cosa bella che è successa...

SUCCESSI: un ostacolo che ho superato...

SUGGERIMENTO A ME: avrei reso un esperienza migliore se...

"UN LUNGO **VIAGGIO** DI MILLE MIGLIA SI **COMINCIA** COL MUOVERE **UN PIEDE.**"

Leo-tzu

Complimenti per aver completato questo mese :

COME TI SENTI?

QUALI EMOZIONI STAI PROVANDO?

COSA E' CAMBIATO?

Ed ora per rilassarci coloriamo un Mandala!

OBBIETTIVI PER PRENDERTI CURA DI TE:

CURA DEL CORPO : _______________________ ☐

CURA DEGLI SPAZI : _______________________ ☐

CURA DELLE AMICIZIE : _______________________ ☐

CURA DELL'AMORE : _______________________ ☐

CURA DELLA CARRIERA : _______________________ ☐

CURA DEGLI HOBBIES : _______________________ ☐

CURA DELLE NECESSITÀ : _______________________ ☐

CURA DELL'ANIMA : _______________________ ☐

______________ : _______________________ ☐

APPUNTAMENTI:

8:00 _______________________

9:00 _______________________

10:00 _______________________

11:00 _______________________

12:00 _______________________

13:00 _______________________

14:00 _______________________

15:00 _______________________

16:00 _______________________

17:00 _______________________

18:00 _______________________

19:00

ricordati

Se vuoi qualcosa di nuovo,
fai qualcosa di nuovo.

Oggi__/__/__

OBBIETTIVI PER PRENDERTI CURA DI TE:

CURA DEL CORPO : ____________________ ☐

CURA DEGLI SPAZI : ____________________ ☐

CURA DELLE AMICIZIE : ____________________ ☐

CURA DELL'AMORE : ____________________ ☐

CURA DELLA CARRIERA : ____________________ ☐

CURA DEGLI HOBBIES : ____________________ ☐

CURA DELLE NECESSITÀ : ____________________ ☐

CURA DELL'ANIMA : ____________________ ☐

____________________ : ____________________ ☐

APPUNTAMENTI:

8:00 ____________________

9:00 ____________________

10:00 ____________________

11:00 ____________________

12:00 ____________________

13:00 ____________________

14:00 ____________________

15:00 ____________________

16:00 ____________________

17:00 ____________________

18:00 ____________________

19:00 ____________________

ricordati

Ricorda sempre di non mollare mai!

OBBIETTIVI PER PRENDERTI CURA DI TE:

CURA DEL CORPO :

CURA DEGLI SPAZI :

CURA DELLE AMICIZIE :

CURA DELL'AMORE :

CURA DELLA CARRIERA :

CURA DEGLI HOBBIES :

CURA DELLE NECESSITÀ :

CURA DELL'ANIMA :

APPUNTAMENTI:

8:00

9:00

10:00

11:00

12:00

13:00

14:00

15:00

16:00

17:00

18:00

19:00

ricordati

Ciò che desideri è dall'altra parte della paura.

OBBIETTIVI PER PRENDERTI CURA DI TE:

CURA DEL CORPO : _______________ ☐

CURA DEGLI SPAZI : _______________ ☐

CURA DELLE AMICIZIE : _______________ ☐

CURA DELL'AMORE : _______________ ☐

CURA DELLA CARRIERA : _______________ ☐

CURA DEGLI HOBBIES : _______________ ☐

CURA DELLE NECESSITÀ : _______________ ☐

CURA DELL'ANIMA : _______________ ☐

_______________ : _______________ ☐

APPUNTAMENTI:

8:00

9:00

10:00

11:00

12:00

13:00

14:00

15:00

16:00

17:00

18:00

19:00

ricordati

Accetta le cose che non puoi cambiare, ma abbi il coraggio di cambiare ciò che puoi.

OBBIETTIVI PER PRENDERTI CURA DI TE:

CURA DEL CORPO : ______________________________ ☐

CURA DEGLI SPAZI : ______________________________ ☐

CURA DELLE AMICIZIE : ______________________________ ☐

CURA DELL'AMORE : ______________________________ ☐

CURA DELLA CARRIERA : ______________________________ ☐

CURA DEGLI HOBBIES : ______________________________ ☐

CURA DELLE NECESSITÀ : ______________________________ ☐

CURA DELL'ANIMA : ______________________________ ☐

______________ : ______________________________ ☐

APPUNTAMENTI:

8:00 ______________________________

9:00 ______________________________

10:00 ______________________________

11:00 ______________________________

12:00 ______________________________

13:00 ______________________________

14:00 ______________________________

15:00 ______________________________

16:00 ______________________________

17:00 ______________________________

18:00 ______________________________

19:00 ______________________________

ricordati

Un errore ripetuto più di una volta è una scelta.

OBBIETTIVI PER PRENDERTI CURA DI TE:

CURA DEL CORPO : _______________________________ ☐

CURA DEGLI SPAZI : _______________________________ ☐

CURA DELLE AMICIZIE : _______________________________ ☐

CURA DELL'AMORE : _______________________________ ☐

CURA DELLA CARRIERA : _______________________________ ☐

CURA DEGLI HOBBIES : _______________________________ ☐

CURA DELLE NECESSITÀ : _______________________________ ☐

CURA DELL'ANIMA : _______________________________ ☐

_______________ : _______________________________ ☐

APPUNTAMENTI:

8:00
____

9:00
____

10:00
____

11:00
____

12:00
____

13:00
____

14:00
____

15:00
____

16:00
____

17:00
____

18:00
____

19:00

ricordati

Guardandoti dentro riscopri le tue potenzialità.

GRATITUDINE: sono grato per...

FELICITA': una cosa bella che è successa...

SUCCESSI: un ostacolo che ho superato...

SUGGERIMENTO A ME: avrei reso un esperienza migliore se...

"IL **CAMBIAMENTO** È UNA **PORTA** CHE SI APRE SOLO **DALL'INTERNO**"

Tom Peters

OBBIETTIVI PER PRENDERTI CURA DI TE:

CURA DEL CORPO : ________________________ ☐

CURA DEGLI SPAZI : ________________________ ☐

CURA DELLE AMICIZIE : ________________________ ☐

CURA DELL'AMORE : ________________________ ☐

CURA DELLA CARRIERA : ________________________ ☐

CURA DEGLI HOBBIES : ________________________ ☐

CURA DELLE NECESSITÀ : ________________________ ☐

CURA DELL'ANIMA : ________________________ ☐

________________ : ________________________ ☐

APPUNTAMENTI:

8:00
____

9:00
____

10:00
____

11:00
____

12:00
____

13:00
____

14:00
____

15:00
____

16:00
____

17:00
____

18:00
____

19:00

ricordati

Guardandoti dentro crei le tue opportunità.

OBBIETTIVI PER PRENDERTI CURA DI TE:

CURA DEL CORPO : _______________________ ☐

CURA DEGLI SPAZI : _______________________ ☐

CURA DELLE AMICIZIE : _______________________ ☐

CURA DELL'AMORE : _______________________ ☐

CURA DELLA CARRIERA : _______________________ ☐

CURA DEGLI HOBBIES : _______________________ ☐

CURA DELLE NECESSITÀ : _______________________ ☐

CURA DELL'ANIMA : _______________________ ☐

_______________ : _______________________ ☐

APPUNTAMENTI:

8:00 _______________________________________

9:00 _______________________________________

10:00 ______________________________________

11:00 ______________________________________

12:00 ______________________________________

13:00 ______________________________________

14:00 ______________________________________

15:00 ______________________________________

16:00 ______________________________________

17:00 ______________________________________

18:00 ______________________________________

19:00 ______________________________________

ricordati

Ogni giorno conta! Ogni settimana conta!

OBBIETTIVI PER PRENDERTI CURA DI TE:

CURA DEL CORPO : __________________ ☐

CURA DEGLI SPAZI : __________________ ☐

CURA DELLE AMICIZIE : __________________ ☐

CURA DELL'AMORE : __________________ ☐

CURA DELLA CARRIERA : __________________ ☐

CURA DEGLI HOBBIES : __________________ ☐

CURA DELLE NECESSITÀ : __________________ ☐

CURA DELL'ANIMA : __________________ ☐

__________ : __________________ ☐

APPUNTAMENTI:

8:00

9:00

10:00

11:00

12:00

13:00

14:00

15:00

16:00

17:00

18:00

19:00

ricordati

Ci vuole coraggio per essere felici.

OBBIETTIVI PER PRENDERTI CURA DI TE:

CURA DEL CORPO : ☐

CURA DEGLI SPAZI : ☐

CURA DELLE AMICIZIE : ☐

CURA DELL'AMORE : ☐

CURA DELLA CARRIERA : ☐

CURA DEGLI HOBBIES : ☐

CURA DELLE NECESSITÀ : ☐

CURA DELL'ANIMA : ☐

_______________ : ☐

APPUNTAMENTI:

8:00

9:00

10:00

11:00

12:00

13:00

14:00

15:00

16:00

17:00

18:00

19:00

ricordati

Se c'è una soluzione,
perché te la prendi?

OBBIETTIVI PER PRENDERTI CURA DI TE:

CURA DEL CORPO : _______________________ ☐

CURA DEGLI SPAZI : _______________________ ☐

CURA DELLE AMICIZIE : _______________________ ☐

CURA DELL'AMORE : _______________________ ☐

CURA DELLA CARRIERA : _______________________ ☐

CURA DEGLI HOBBIES : _______________________ ☐

CURA DELLE NECESSITÀ : _______________________ ☐

CURA DELL'ANIMA : _______________________ ☐

_______________ : _______________________ ☐

APPUNTAMENTI:

8:00
____

9:00
____

10:00
____

11:00
____

12:00
____

13:00
____

14:00
____

15:00
____

16:00
____

17:00
____

18:00
____

19:00

ricordati

Se non c'è una soluzione,
perché te la prendi?

OBBIETTIVI PER PRENDERTI CURA DI TE:

CURA DEL CORPO : __________________________ ☐

CURA DEGLI SPAZI : __________________________ ☐

CURA DELLE AMICIZIE : __________________________ ☐

CURA DELL'AMORE : __________________________ ☐

CURA DELLA CARRIERA : __________________________ ☐

CURA DEGLI HOBBIES : __________________________ ☐

CURA DELLE NECESSITÀ : __________________________ ☐

CURA DELL'ANIMA : __________________________ ☐

__________________________ : __________________________ ☐

APPUNTAMENTI:

8:00 ______________________________

9:00 ______________________________

10:00 ______________________________

11:00 ______________________________

12:00 ______________________________

13:00 ______________________________

14:00 ______________________________

15:00 ______________________________

16:00 ______________________________

17:00 ______________________________

18:00 ______________________________

19:00

ricordati

Ogni giorno è la tua vita.

Obbiettivi raggiunti questa settimana :

GRATITUDINE: sono grato per...

FELICITA': una cosa bella che è successa...

SUCCESSI: un ostacolo che ho superato...

SUGGERIMENTO A ME: avrei reso un esperienza migliore se...

"LA **VITA** NON È UN **PROBLEMA** DA RISOLVERE MA UN MISTERO DA **VIVERE.**"

S. Kierkegaard

OBBIETTIVI PER PRENDERTI CURA DI TE:

CURA DEL CORPO : _______________________ ☐

CURA DEGLI SPAZI : _______________________ ☐

CURA DELLE AMICIZIE : _______________________ ☐

CURA DELL'AMORE : _______________________ ☐

CURA DELLA CARRIERA : _______________________ ☐

CURA DEGLI HOBBIES : _______________________ ☐

CURA DELLE NECESSITÀ : _______________________ ☐

CURA DELL'ANIMA : _______________________ ☐

_______________ : _______________________ ☐

APPUNTAMENTI:

8:00 ________________________

9:00 ________________________

10:00 ________________________

11:00 ________________________

12:00 ________________________

13:00 ________________________

14:00 ________________________

15:00 ________________________

16:00 ________________________

17:00 ________________________

18:00 ________________________

19:00

ricordati

La felicità non è legata ad alcun luogo ma risiede in noi stessi.

OBBIETTIVI PER PRENDERTI CURA DI TE:

CURA DEL CORPO : _______________________ ☐

CURA DEGLI SPAZI : _______________________ ☐

CURA DELLE AMICIZIE : _______________________ ☐

CURA DELL'AMORE : _______________________ ☐

CURA DELLA CARRIERA : _______________________ ☐

CURA DEGLI HOBBIES : _______________________ ☐

CURA DELLE NECESSITÀ : _______________________ ☐

CURA DELL'ANIMA : _______________________ ☐

_______________ : _______________________ ☐

APPUNTAMENTI:

8:00
____

9:00
____

10:00
____

11:00
____

12:00
____

13:00
____

14:00
____

15:00
____

16:00
____

17:00
____

18:00
____

19:00

ricordati

Impegnati a crescere
ogni giorno.

OBBIETTIVI PER PRENDERTI CURA DI TE:

CURA DEL CORPO : ___________________________ ☐

CURA DEGLI SPAZI : ___________________________ ☐

CURA DELLE AMICIZIE : ___________________________ ☐

CURA DELL'AMORE : ___________________________ ☐

CURA DELLA CARRIERA : ___________________________ ☐

CURA DEGLI HOBBIES : ___________________________ ☐

CURA DELLE NECESSITÀ : ___________________________ ☐

CURA DELL'ANIMA : ___________________________ ☐

_______________ : ___________________________ ☐

APPUNTAMENTI:

8:00 _______________________________

9:00 _______________________________

10:00 _______________________________

11:00 _______________________________

12:00 _______________________________

13:00 _______________________________

14:00 _______________________________

15:00 _______________________________

16:00 _______________________________

17:00 _______________________________

18:00 _______________________________

19:00 _______________________________

ricordati

Impegnati a rinnovarti ogni giorno.

OBBIETTIVI PER PRENDERTI CURA DI TE:

CURA DEL CORPO : ____________________________ ☐

CURA DEGLI SPAZI : ____________________________ ☐

CURA DELLE AMICIZIE : ____________________________ ☐

CURA DELL'AMORE : ____________________________ ☐

CURA DELLA CARRIERA : ____________________________ ☐

CURA DEGLI HOBBIES : ____________________________ ☐

CURA DELLE NECESSITÀ : ____________________________ ☐

CURA DELL'ANIMA : ____________________________ ☐

____________ : ____________________________ ☐

APPUNTAMENTI:

8:00 ________________________

9:00 ________________________

10:00 ________________________

11:00 ________________________

12:00 ________________________

13:00 ________________________

14:00 ________________________

15:00 ________________________

16:00 ________________________

17:00 ________________________

18:00 ________________________

19:00 ________________________

ricordati

Cambia anche quando il mondo intorno a te è ancora immobile.

OBBIETTIVI PER PRENDERTI CURA DI TE:

CURA DEL CORPO : _______________________ ☐

CURA DEGLI SPAZI : _______________________ ☐

CURA DELLE AMICIZIE : _______________________ ☐

CURA DELL'AMORE : _______________________ ☐

CURA DELLA CARRIERA : _______________________ ☐

CURA DEGLI HOBBIES : _______________________ ☐

CURA DELLE NECESSITÀ : _______________________ ☐

CURA DELL'ANIMA : _______________________ ☐

_______________________ : _______________________ ☐

APPUNTAMENTI:

8:00
____

9:00
____

10:00
____

11:00
____

12:00
____

13:00
____

14:00
____

15:00
____

16:00
____

17:00
____

18:00
____

19:00

ricordati

Oggi smetti di raccontarti delle scuse.

Obbiettivi per prenderti cura di te:

CURA DEL CORPO : _______________________ ☐

CURA DEGLI SPAZI : _______________________ ☐

CURA DELLE AMICIZIE : _______________________ ☐

CURA DELL'AMORE : _______________________ ☐

CURA DELLA CARRIERA : _______________________ ☐

CURA DEGLI HOBBIES : _______________________ ☐

CURA DELLE NECESSITÀ : _______________________ ☐

CURA DELL'ANIMA : _______________________ ☐

_______________ : _______________________ ☐

APPUNTAMENTI:

8:00
____

9:00
____

10:00
____

11:00
____

12:00
____

13:00
____

14:00
____

15:00
____

16:00
____

17:00
____

18:00
____

19:00

ricordati

Sii tenace con i tuoi desideri.

GRATITUDINE: sono grato per...

FELICITA': una cosa bella che è successa...

SUCCESSI: un ostacolo che ho superato...

SUGGERIMENTO A ME: avrei reso un esperienza migliore se...

"LA **FELICITÀ** NON È **FARE** TUTTO CIÒ CHE SI VUOLE, MA **VOLERE** TUTTO **CIÒ CHE SI FA.**"

F. Nietzsche

OBBIETTIVI PER PRENDERTI CURA DI TE:

CURA DEL CORPO : _______________________ ☐

CURA DEGLI SPAZI : _______________________ ☐

CURA DELLE AMICIZIE : _______________________ ☐

CURA DELL'AMORE : _______________________ ☐

CURA DELLA CARRIERA : _______________________ ☐

CURA DEGLI HOBBIES : _______________________ ☐

CURA DELLE NECESSITÀ : _______________________ ☐

CURA DELL'ANIMA : _______________________ ☐

________________ : _______________________ ☐

APPUNTAMENTI:

8:00
____

9:00
____

10:00
____

11:00
____

12:00
____

13:00
____

14:00
____

15:00
____

16:00
____

17:00
____

18:00
____

19:00

ricordati

Il tuo tempo è come il capitolo di un libro in attesa di essere scritto.

OBBIETTIVI PER PRENDERTI CURA DI TE:

CURA DEL CORPO : ________________________ ☐

CURA DEGLI SPAZI : ________________________ ☐

CURA DELLE AMICIZIE : ________________________ ☐

CURA DELL'AMORE : ________________________ ☐

CURA DELLA CARRIERA : ________________________ ☐

CURA DEGLI HOBBIES : ________________________ ☐

CURA DELLE NECESSITÀ : ________________________ ☐

CURA DELL'ANIMA : ________________________ ☐

________________ : ________________________ ☐

APPUNTAMENTI:

8:00 ________________________

9:00 ________________________

10:00 ________________________

11:00 ________________________

12:00 ________________________

13:00 ________________________

14:00 ________________________

15:00 ________________________

16:00 ________________________

17:00 ________________________

18:00 ________________________

19:00 ________________________

ricordati

Decidi ciò che conta per te
e lascia andare il resto.

OBBIETTIVI PER PRENDERTI CURA DI TE:

CURA DEL CORPO : _______________________ ☐

CURA DEGLI SPAZI : _______________________ ☐

CURA DELLE AMICIZIE : _______________________ ☐

CURA DELL'AMORE : _______________________ ☐

CURA DELLA CARRIERA : _______________________ ☐

CURA DEGLI HOBBIES : _______________________ ☐

CURA DELLE NECESSITÀ : _______________________ ☐

CURA DELL'ANIMA : _______________________ ☐

_______________ : _______________________ ☐

APPUNTAMENTI:

8:00
____

9:00
____

10:00
____

11:00
____

12:00
____

13:00
____

14:00
____

15:00
____

16:00
____

17:00
____

18:00
____

19:00

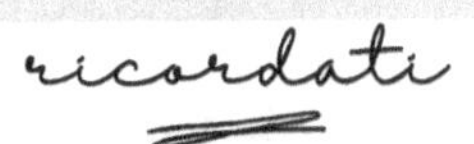

ricordati

Apri il tuo cuore alla bellezza.

OBBIETTIVI PER PRENDERTI CURA DI TE:

CURA DEL CORPO : ___________________________ ☐

CURA DEGLI SPAZI : ___________________________ ☐

CURA DELLE AMICIZIE : ___________________________ ☐

CURA DELL'AMORE : ___________________________ ☐

CURA DELLA CARRIERA : ___________________________ ☐

CURA DEGLI HOBBIES : ___________________________ ☐

CURA DELLE NECESSITÀ : ___________________________ ☐

CURA DELL'ANIMA : ___________________________ ☐

_________________ : ___________________________ ☐

APPUNTAMENTI:

8:00 ___________________________

9:00 ___________________________

10:00 ___________________________

11:00 ___________________________

12:00 ___________________________

13:00 ___________________________

14:00 ___________________________

15:00 ___________________________

16:00 ___________________________

17:00 ___________________________

18:00 ___________________________

19:00

ricordati

Puoi farcela. Sei più forte di quanto immagini.

OBBIETTIVI PER PRENDERTI CURA DI TE:

CURA DEL CORPO : _______________________ ☐

CURA DEGLI SPAZI : _______________________ ☐

CURA DELLE AMICIZIE : _______________________ ☐

CURA DELL'AMORE : _______________________ ☐

CURA DELLA CARRIERA : _______________________ ☐

CURA DEGLI HOBBIES : _______________________ ☐

CURA DELLE NECESSITÀ : _______________________ ☐

CURA DELL'ANIMA : _______________________ ☐

_______________ : _______________________ ☐

APPUNTAMENTI:

8:00 _______________________

9:00 _______________________

10:00 _______________________

11:00 _______________________

12:00 _______________________

13:00 _______________________

14:00 _______________________

15:00 _______________________

16:00 _______________________

17:00 _______________________

18:00 _______________________

19:00 _______________________

ricordati

Vivi intensamente.

OBBIETTIVI PER PRENDERTI CURA DI TE:

CURA DEL CORPO : ________________________ ☐

CURA DEGLI SPAZI : ________________________ ☐

CURA DELLE AMICIZIE : ________________________ ☐

CURA DELL'AMORE : ________________________ ☐

CURA DELLA CARRIERA : ________________________ ☐

CURA DEGLI HOBBIES : ________________________ ☐

CURA DELLE NECESSITÀ : ________________________ ☐

CURA DELL'ANIMA : ________________________ ☐

________________ : ________________________ ☐

APPUNTAMENTI:

8:00
____

9:00
____

10:00
____

11:00
____

12:00
____

13:00
____

14:00
____

15:00
____

16:00
____

17:00
____

18:00
____

19:00

ricordati

Presta attenzione a ciò che accade, segui il flusso e lasciati guidare.

GRATITUDINE: sono grato per...

FELICITA': una cosa bella che è successa...

SUCCESSI: un ostacolo che ho superato...

SUGGERIMENTO A ME: avrei reso un esperienza migliore se...

"L'**AUTENTICITÀ** È UN INSIEME DI **SCELTE** CHE DOBBIAMO **FARE** OGNI GIORNO.
LA SCELTA DI **ESSERE ONESTI**.
LA SCELTA DI FAR VEDERE IL NOSTRO **VERO IO**."

Brenè Brown

Complimenti per aver completato questo mese :

COME TI SENTI?

QUALI EMOZIONI STAI PROVANDO?

COSA E' CAMBIATO?

Ed ora per rilassarci coloriamo un Mandala!

OBBIETTIVI PER PRENDERTI CURA DI TE:

CURA DEL CORPO : _______________________ ☐

CURA DEGLI SPAZI : _______________________ ☐

CURA DELLE AMICIZIE : _______________________ ☐

CURA DELL'AMORE : _______________________ ☐

CURA DELLA CARRIERA : _______________________ ☐

CURA DEGLI HOBBIES : _______________________ ☐

CURA DELLE NECESSITÀ : _______________________ ☐

CURA DELL'ANIMA : _______________________ ☐

_______________ : _______________________ ☐

APPUNTAMENTI:

8:00
____

9:00
____

10:00
____

11:00
____

12:00
____

13:00
____

14:00
____

15:00
____

16:00
____

17:00
____

18:00
____

19:00

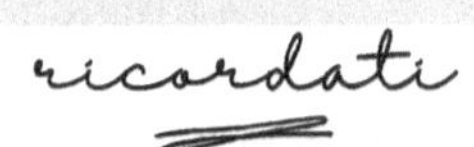

ricordati

Dai valore alle piccole cose.

OBBIETTIVI PER PRENDERTI CURA DI TE:

CURA DEL CORPO : ______________________

CURA DEGLI SPAZI : ______________________

CURA DELLE AMICIZIE : ______________________

CURA DELL'AMORE : ______________________

CURA DELLA CARRIERA : ______________________

CURA DEGLI HOBBIES : ______________________

CURA DELLE NECESSITÀ : ______________________

CURA DELL'ANIMA : ______________________

______________________ : ______________________

APPUNTAMENTI:

8:00 ______________________

9:00 ______________________

10:00 ______________________

11:00 ______________________

12:00 ______________________

13:00 ______________________

14:00 ______________________

15:00 ______________________

16:00 ______________________

17:00 ______________________

18:00 ______________________

19:00 ______________________

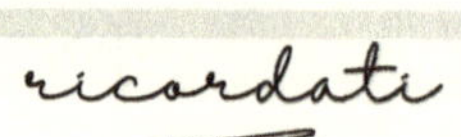

Se ti concentri sul dolore continuerai a soffrire, ma se ascolti la lezione continuerai crescere.

Obbiettivi per prenderti cura di te:

CURA DEL CORPO : _______________________ ☐

CURA DEGLI SPAZI : _______________________ ☐

CURA DELLE AMICIZIE : _______________________ ☐

CURA DELL'AMORE : _______________________ ☐

CURA DELLA CARRIERA : _______________________ ☐

CURA DEGLI HOBBIES : _______________________ ☐

CURA DELLE NECESSITÀ : _______________________ ☐

CURA DELL'ANIMA : _______________________ ☐

_______________ : _______________________ ☐

Appuntamenti:

8:00

9:00

10:00

11:00

12:00

13:00

14:00

15:00

16:00

17:00

18:00

19:00

ricordati

Tu aspetti un segno dall'universo, ma anche l'universo aspetta un tuo segnale.

OBBIETTIVI PER PRENDERTI CURA DI TE:

CURA DEL CORPO : _______________________ ☐

CURA DEGLI SPAZI : _______________________ ☐

CURA DELLE AMICIZIE : _______________________ ☐

CURA DELL'AMORE : _______________________ ☐

CURA DELLA CARRIERA : _______________________ ☐

CURA DEGLI HOBBIES : _______________________ ☐

CURA DELLE NECESSITÀ : _______________________ ☐

CURA DELL'ANIMA : _______________________ ☐

_______________ : _______________________ ☐

APPUNTAMENTI:

8:00

9:00

10:00

11:00

12:00

13:00

14:00

15:00

16:00

17:00

18:00

19:00

ricordati

Ci sono progressi che gli altri non possono vedere, guardali tu, perché sono i più importanti.

OBBIETTIVI PER PRENDERTI CURA DI TE:

CURA DEL CORPO : ______________________________ ☐

CURA DEGLI SPAZI : ______________________________ ☐

CURA DELLE AMICIZIE : ______________________________ ☐

CURA DELL'AMORE : ______________________________ ☐

CURA DELLA CARRIERA : ______________________________ ☐

CURA DEGLI HOBBIES : ______________________________ ☐

CURA DELLE NECESSITÀ : ______________________________ ☐

CURA DELL'ANIMA : ______________________________ ☐

______________ : ______________________________ ☐

APPUNTAMENTI:

8:00 ______________________________

9:00 ______________________________

10:00 ______________________________

11:00 ______________________________

12:00 ______________________________

13:00 ______________________________

14:00 ______________________________

15:00 ______________________________

16:00 ______________________________

17:00 ______________________________

18:00 ______________________________

19:00 ______________________________

ricordati

Rispetta il tuo corpo e
dagli spazio per esistere.

GRATITUDINE: sono grato per...

FELICITA': una cosa bella che è successa...

SUCCESSI: un ostacolo che ho superato...

SUGGERIMENTO A ME: avrei reso un esperienza migliore se...

"**RISOLVENDO** UN PROBLEMA **OGGI,** PUOI **EVITARE** DI INCONTRARNE **CENTO DOMANI**"

Proverbio Cinese

OBBIETTIVI PER PRENDERTI CURA DI TE:

CURA DEL CORPO :

CURA DEGLI SPAZI :

CURA DELLE AMICIZIE :

CURA DELL'AMORE :

CURA DELLA CARRIERA :

CURA DEGLI HOBBIES :

CURA DELLE NECESSITÀ :

CURA DELL'ANIMA :

APPUNTAMENTI:

8:00

9:00

10:00

11:00

12:00

13:00

14:00

15:00

16:00

17:00

18:00

19:00

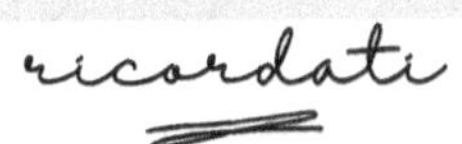

Non avere paura di cambiare!

OBBIETTIVI PER PRENDERTI CURA DI TE:

CURA DEL CORPO : ____________________ ☐

CURA DEGLI SPAZI : ____________________ ☐

CURA DELLE AMICIZIE : ____________________ ☐

CURA DELL'AMORE : ____________________ ☐

CURA DELLA CARRIERA : ____________________ ☐

CURA DEGLI HOBBIES : ____________________ ☐

CURA DELLE NECESSITÀ : ____________________ ☐

CURA DELL'ANIMA : ____________________ ☐

____________ : ____________________ ☐

APPUNTAMENTI:

8:00 ____________________

9:00 ____________________

10:00 ____________________

11:00 ____________________

12:00 ____________________

13:00 ____________________

14:00 ____________________

15:00 ____________________

16:00 ____________________

17:00 ____________________

18:00 ____________________

19:00

ricordati

Focalizzati su ciò che hai.

Obbiettivi per prenderti cura di te:

CURA DEL CORPO : __________________ ☐

CURA DEGLI SPAZI : __________________ ☐

CURA DELLE AMICIZIE : __________________ ☐

CURA DELL'AMORE : __________________ ☐

CURA DELLA CARRIERA : __________________ ☐

CURA DEGLI HOBBIES : __________________ ☐

CURA DELLE NECESSITÀ : __________________ ☐

CURA DELL'ANIMA : __________________ ☐

__________ : __________________ ☐

APPUNTAMENTI:

8:00 __________________

9:00 __________________

10:00 __________________

11:00 __________________

12:00 __________________

13:00 __________________

14:00 __________________

15:00 __________________

16.00 __________________

17:00 __________________

18:00 __________________

19:00

ricordati

Inizia anche prima di essere pronto.

OBBIETTIVI PER PRENDERTI CURA DI TE:

CURA DEL CORPO : _______________ ☐

CURA DEGLI SPAZI : _______________ ☐

CURA DELLE AMICIZIE : _______________ ☐

CURA DELL'AMORE : _______________ ☐

CURA DELLA CARRIERA : _______________ ☐

CURA DEGLI HOBBIES : _______________ ☐

CURA DELLE NECESSITÀ : _______________ ☐

CURA DELL'ANIMA : _______________ ☐

_______________ : _______________ ☐

APPUNTAMENTI:

8:00 ___________________________

9:00 ___________________________

10:00 ___________________________

11:00 ___________________________

12:00 ___________________________

13:00 ___________________________

14:00 ___________________________

15:00 ___________________________

16:00 ___________________________

17:00 ___________________________

18:00 ___________________________

19:00 ___________________________

ricordati

Visualizzare l'invisibile è il primo passo per compiere l'impossibile.

OBBIETTIVI PER PRENDERTI CURA DI TE:

CURA DEL CORPO : ______________________ ☐

CURA DEGLI SPAZI : ______________________ ☐

CURA DELLE AMICIZIE : ______________________ ☐

CURA DELL'AMORE : ______________________ ☐

CURA DELLA CARRIERA : ______________________ ☐

CURA DEGLI HOBBIES : ______________________ ☐

CURA DELLE NECESSITÀ : ______________________ ☐

CURA DELL'ANIMA : ______________________ ☐

______________ : ______________________ ☐

APPUNTAMENTI:

8:00
____

9:00
____

10:00
____

11:00
____

12:00
____

13:00
____

14:00
____

15:00
____

16:00
____

17:00
____

18:00
____

19:00

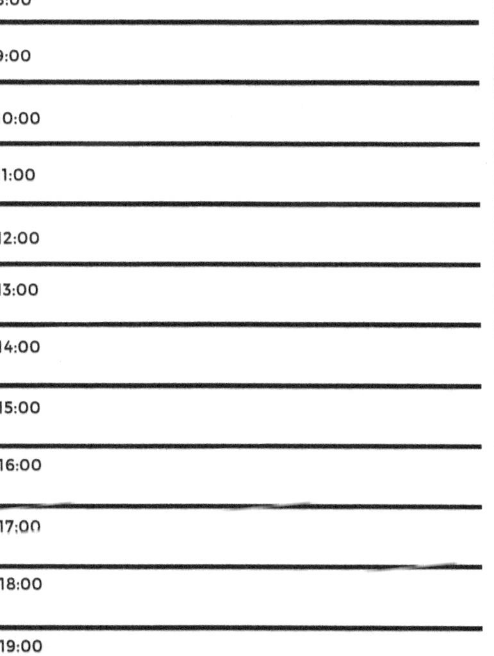

ricordati

Tu sei speciale! Pensa che non esiste nessuno al mondo identico a te.

OBBIETTIVI PER PRENDERTI CURA DI TE:

CURA DEL CORPO : ___________________________ ☐

CURA DEGLI SPAZI : ___________________________ ☐

CURA DELLE AMICIZIE : ___________________________ ☐

CURA DELL'AMORE : ___________________________ ☐

CURA DELLA CARRIERA : ___________________________ ☐

CURA DEGLI HOBBIES : ___________________________ ☐

CURA DELLE NECESSITÀ : ___________________________ ☐

CURA DELL'ANIMA : ___________________________ ☐

___________________ : ___________________________ ☐

APPUNTAMENTI:

8:00
____

9:00
____

10:00
____

11:00
____

12:00
____

13:00
____

14:00
____

15:00
____

16:00
____

17:00
____

18:00
____

19:00

ricordati

In ogni caso, il domani arriverà lo stesso! Conviene sfruttare il presente.

GRATITUDINE: sono grato per...

FELICITA': una cosa bella che è successa...

SUCCESSI: un ostacolo che ho superato...

SUGGERIMENTO A ME: avrei reso un esperienza migliore se...

" NULLA **IMPEDIRÀ** AL SOLE DI **SORGERE** ANCORA, NEANCHE LA NOTTE PIÙ BUIA "

Khalil Gibran

Oggi__/__/__

OBBIETTIVI PER PRENDERTI CURA DI TE:

CURA DEL CORPO : ________________________ ☐

CURA DEGLI SPAZI : ________________________ ☐

CURA DELLE AMICIZIE : ________________________ ☐

CURA DELL'AMORE : ________________________ ☐

CURA DELLA CARRIERA : ________________________ ☐

CURA DEGLI HOBBIES : ________________________ ☐

CURA DELLE NECESSITÀ : ________________________ ☐

CURA DELL'ANIMA : ________________________ ☐

________________ : ________________________ ☐

APPUNTAMENTI:

8:00 ___________________________

9:00 ___________________________

10:00 ___________________________

11:00 ___________________________

12:00 ___________________________

13:00 ___________________________

14:00 ___________________________

15:00 ___________________________

16:00 ___________________________

17:00 ___________________________

18:00 ___________________________

19:00 ___________________________

ricordati

Non hai bisogno che
qualcuno ti autorizzi a
sentire ciò che senti.

OBBIETTIVI PER PRENDERTI CURA DI TE:

CURA DEL CORPO : _______________ ☐

CURA DEGLI SPAZI : _______________ ☐

CURA DELLE AMICIZIE : _______________ ☐

CURA DELL'AMORE : _______________ ☐

CURA DELLA CARRIERA : _______________ ☐

CURA DEGLI HOBBIES : _______________ ☐

CURA DELLE NECESSITÀ : _______________ ☐

CURA DELL'ANIMA : _______________ ☐

___________ : _______________ ☐

APPUNTAMENTI:

8:00 _______________

9:00 _______________

10:00 _______________

11:00 _______________

12:00 _______________

13:00 _______________

14:00 _______________

15:00 _______________

16:00 _______________

17:00 _______________

18:00 _______________

19:00 _______________

ricordati

Ogni persona che incontri può essere migliore di te in qualcosa; in quella cosa impara!

OBBIETTIVI PER PRENDERTI CURA DI TE:

CURA DEL CORPO : _________________________ ☐

CURA DEGLI SPAZI : _________________________ ☐

CURA DELLE AMICIZIE : _________________________ ☐

CURA DELL'AMORE : _________________________ ☐

CURA DELLA CARRIERA : _________________________ ☐

CURA DEGLI HOBBIES : _________________________ ☐

CURA DELLE NECESSITÀ : _________________________ ☐

CURA DELL'ANIMA : _________________________ ☐

_________________ : _________________________ ☐

APPUNTAMENTI:

8:00 _______________________________

9:00 _______________________________

10:00 _______________________________

11:00 _______________________________

12:00 _______________________________

13:00 _______________________________

14:00 _______________________________

15:00 _______________________________

16:00 _______________________________

17:00 _______________________________

18:00 _______________________________

19:00 _______________________________

ricordati

Non esiste nulla che possa imprigionarti, tranne i tuoi pensieri.

OBBIETTIVI PER PRENDERTI CURA DI TE:

CURA DEL CORPO : _______________________________ ☐

CURA DEGLI SPAZI : _______________________________ ☐

CURA DELLE AMICIZIE : _______________________________ ☐

CURA DELL'AMORE : _______________________________ ☐

CURA DELLA CARRIERA : _______________________________ ☐

CURA DEGLI HOBBIES : _______________________________ ☐

CURA DELLE NECESSITÀ : _______________________________ ☐

CURA DELL'ANIMA : _______________________________ ☐

_______________ : _______________________________ ☐

APPUNTAMENTI:

8:00

9:00

10:00

11:00

12:00

13:00

14:00

15:00

16:00

17:00

18:00

19:00

ricordati

Niente può limitarti, tranne le tue paure.

OBBIETTIVI PER PRENDERTI CURA DI TE:

CURA DEL CORPO : ___________________ ☐

CURA DEGLI SPAZI : ___________________ ☐

CURA DELLE AMICIZIE : ___________________ ☐

CURA DELL'AMORE : ___________________ ☐

CURA DELLA CARRIERA : ___________________ ☐

CURA DEGLI HOBBIES : ___________________ ☐

CURA DELLE NECESSITÀ : ___________________ ☐

CURA DELL'ANIMA : ___________________ ☐

___________________ : ___________________ ☐

APPUNTAMENTI:

8:00 ___________________

9:00 ___________________

10:00 ___________________

11:00 ___________________

12:00 ___________________

13:00 ___________________

14:00 ___________________

15:00 ___________________

16:00 ___________________

17:00 ___________________

18:00 ___________________

19:00 ___________________

ricordati

Nulla ti può controllare,
tranne le tue credenze.

OBBIETTIVI PER PRENDERTI CURA DI TE:

CURA DEL CORPO : _______________________ ☐

CURA DEGLI SPAZI : _______________________ ☐

CURA DELLE AMICIZIE : _______________________ ☐

CURA DELL'AMORE : _______________________ ☐

CURA DELLA CARRIERA : _______________________ ☐

CURA DEGLI HOBBIES : _______________________ ☐

CURA DELLE NECESSITÀ : _______________________ ☐

CURA DELL'ANIMA : _______________________ ☐

_______________ : _______________________ ☐

APPUNTAMENTI:

8:00
____

9:00
____

10:00
____

11:00
____

12:00
____

13:00
____

14:00
____

15:00
____

16:00
____

17:00
____

18:00
____

19:00

ricordati

"Perdona e perdonati"

GRATITUDINE: sono grato per...

FELICITA': una cosa bella che è successa...

SUCCESSI: un ostacolo che ho superato...

SUGGERIMENTO A ME: avrei reso un esperienza migliore se...

"IL SEGRETO DEL **CAMBIAMENTO** È CONCENTRARE TUTTA LA TUA ENERGIA, **NON** NEL **COMBATTERE** IL **VECCHIO**, MA NEL **COSTRUIRE** IL **NUOVO**"

Socrate

OBBIETTIVI PER PRENDERTI CURA DI TE:

CURA DEL CORPO : _______________________ ☐

CURA DEGLI SPAZI : _______________________ ☐

CURA DELLE AMICIZIE : _______________________ ☐

CURA DELL'AMORE : _______________________ ☐

CURA DELLA CARRIERA : _______________________ ☐

CURA DEGLI HOBBIES : _______________________ ☐

CURA DELLE NECESSITÀ : _______________________ ☐

CURA DELL'ANIMA : _______________________ ☐

_______________ : _______________________ ☐

APPUNTAMENTI:

8:00

9:00

10:00

11:00

12:00

13:00

14:00

15:00

16:00

17:00

18:00

19:00

ricordati

Guarda la bellezza nelle piccole cose per nutrire la tua felicità.

OBBIETTIVI PER PRENDERTI CURA DI TE:

CURA DEL CORPO : _______________________ ☐

CURA DEGLI SPAZI : _______________________ ☐

CURA DELLE AMICIZIE : _______________________ ☐

CURA DELL'AMORE : _______________________ ☐

CURA DELLA CARRIERA : _______________________ ☐

CURA DEGLI HOBBIES : _______________________ ☐

CURA DELLE NECESSITÀ : _______________________ ☐

CURA DELL'ANIMA : _______________________ ☐

_______________ : _______________________ ☐

APPUNTAMENTI:

8:00 _______________________

9:00 _______________________

10:00 _______________________

11:00 _______________________

12:00 _______________________

13:00 _______________________

14:00 _______________________

15:00 _______________________

16:00 _______________________

17:00 _______________________

18:00 _______________________

19:00 _______________________

ricordati

"Volerò " Disse il bruco.
Risero tutti tranne le
farfalle.

OBBIETTIVI PER PRENDERTI CURA DI TE:

CURA DEL CORPO : ___________________________ ☐

CURA DEGLI SPAZI : ___________________________ ☐

CURA DELLE AMICIZIE : ___________________________ ☐

CURA DELL'AMORE : ___________________________ ☐

CURA DELLA CARRIERA : ___________________________ ☐

CURA DEGLI HOBBIES : ___________________________ ☐

CURA DELLE NECESSITÀ : ___________________________ ☐

CURA DELL'ANIMA : ___________________________ ☐

_______________ : ___________________________ ☐

APPUNTAMENTI:

8:00 ___________________________

9:00 ___________________________

10:00 ___________________________

11:00 ___________________________

12:00 ___________________________

13:00 ___________________________

14:00 ___________________________

15:00 ___________________________

16:00 ___________________________

17:00 ___________________________

18:00 ___________________________

19:00 ___________________________

ricordati

Le difficoltà spostano i limiti.

OBBIETTIVI PER PRENDERTI CURA DI TE:

CURA DEL CORPO : ____________________ ☐

CURA DEGLI SPAZI : ____________________ ☐

CURA DELLE AMICIZIE : ____________________ ☐

CURA DELL'AMORE : ____________________ ☐

CURA DELLA CARRIERA : ____________________ ☐

CURA DEGLI HOBBIES : ____________________ ☐

CURA DELLE NECESSITÀ : ____________________ ☐

CURA DELL'ANIMA : ____________________ ☐

____________________ : ____________________ ☐

APPUNTAMENTI:

8:00

9:00

10:00

11:00

12:00

13:00

14:00

15:00

16:00

17:00

18:00

19:00

ricordati

Il miglior investimento che puoi fare è quello su te stesso.

OBBIETTIVI PER PRENDERTI CURA DI TE:

CURA DEL CORPO :

CURA DEGLI SPAZI :

CURA DELLE AMICIZIE :

CURA DELL'AMORE :

CURA DELLA CARRIERA :

CURA DEGLI HOBBIES :

CURA DELLE NECESSITÀ :

CURA DELL'ANIMA :

_______________ :

APPUNTAMENTI:

8:00

9:00

10:00

11:00

12:00

13:00

14:00

15:00

16:00

17:00

18:00

19:00

ricordati

Trova in ogni tua giornata almeno un momento che valga la pena di essere ricordato.

OBBIETTIVI PER PRENDERTI CURA DI TE:

CURA DEL CORPO : _______________________ ☐

CURA DEGLI SPAZI : _______________________ ☐

CURA DELLE AMICIZIE : _______________________ ☐

CURA DELL'AMORE : _______________________ ☐

CURA DELLA CARRIERA : _______________________ ☐

CURA DEGLI HOBBIES : _______________________ ☐

CURA DELLE NECESSITÀ : _______________________ ☐

CURA DELL'ANIMA : _______________________ ☐

_______________ : _______________________ ☐

APPUNTAMENTI:

8:00 _______________________

9:00 _______________________

10:00 _______________________

11:00 _______________________

12:00 _______________________

13:00 _______________________

14:00 _______________________

15:00 _______________________

16:00 _______________________

17:00 _______________________

18:00 _______________________

19:00 _______________________

ricordati

Concentrati sulla qualità,
non sulla quantità!

GRATITUDINE: sono grato per...

FELICITA': una cosa bella che è successa...

SUCCESSI: un ostacolo che ho superato...

SUGGERIMENTO A ME: avrei reso un esperienza migliore se...

"QUANDO SI **CORREGGE LA MENTE**, TUTTE LE ALTRE **COSE** DELLA VITA TORNANO **AL LORO POSTO.**

Lao Tsu

Complimenti per aver completato questo mese :

COME TI SENTI?

QUALI EMOZIONI STAI PROVANDO?

COSA E' CAMBIATO?

Ed ora per rilassarci coloriamo un Mandala!

Complimenti per il tuo impegno e la tua costanza

HAI PORTATO A TERMINE 5 MESI
DI TERAPIA DEL TEMPO.
COME TI SENTI?
FAMMELO SAPERE SU INSTAGRAM :

Dott.panicosperanza_psicologa

Note:

THINKING ABOUT

Note:

THINKING ABOUT

Note:

THINKING ABOUT

Note:

THINKING ABOUT

Note:

THINKING ABOUT

Note:

THINKING ABOUT

____

____

____

____

____

____

____

____

____

____

____

____

____

____

____

____

Note:

THINKING ABOUT

Note:

THINKING ABOUT

Note:

THINKING ABOUT

Note:

THINKING ABOUT

Note:

THINKING ABOUT

Note:

THINKING ABOUT

Note:

THINKING ABOUT

Note:

THINKING ABOUT

Note:

THINKING ABOUT